北京市教育科学"十二五"规划校本研究专项
"构建体验育人园所特色的实践探索"研究

幼儿园工作流程图
管理中的"小规矩"

主编◎吴丽娟
副主编◎吴连柱

NORTHEAST NORMAL UNIVERSITY PRESS
东北师范大学出版社
WWW.NENUP.COM

图书在版编目（ＣＩＰ）数据

幼儿园工作流程图 / 吴丽娟，吴连柱主编 . -- 长春：
东北师范大学出版社，2015.11（2024.8重印）
ISBN 978-7-5681-1480-6

Ⅰ．①幼… Ⅱ．①吴… ②吴… Ⅲ．①幼儿园－工作
－流程图 Ⅳ．① G617-36

中国版本图书馆 CIP 数据核字（2015）第 278533 号

□责任编辑：张志文　　□封面设计：凤凰树
□责任校对：余春雨　　□责任印制：刘海远

东北师范大学出版社出版发行
长春净月经济开发区金宝街 118 号（邮政编码：130017）
电话：0431—85687213
传真：0431—85691969
网址：http://www.nenup.com
电子函件：sdcbs@mail.jl.cn
北京凤凰树文化艺术发展有限公司制版
三河市宏顺兴印刷有限公司印装
2016 年 2 月第 1 版　　2024 年 8 月第 3 次印刷
幅面尺寸：170mm×240mm　　印张：13.625　　字数：179 千

定价：45.00 元

主　编　吴丽娟

副主编　吴连柱

编　委　张俊燕　李海明　翟爱华
　　　　于秀华　胡庆华

自 序

吴丽娟

党的十八大以来，以习近平同志为总书记的党中央高度重视"制度治党"，大力加强包括党章党纪、法律法规等在内的制度建设，增强制度执行力，坚决维护制度的严肃性和权威性。习总书记指出："要加强对党员、干部特别是领导干部的教育，让大家都明白哪些事能做、哪些事不能做，哪些事该这样做、哪些事该那样做，自觉按原则、按规矩办事。"

幼儿园是最基层的学前教育机构，无论园所的大小区别、级类区别、条件区别如何，其职责都是一样的，都要承担起相应的"教育"和"服务"的责任。要把"教育"和"服务"的职责承担好，实现促进幼儿全面和谐、健康幸福的成长；促进教师不断提高专业素养，增强教师的幸福指数；促进园所实现有特色、高质量、高效益的发展目标，园所就需要有适合本园的管理模式或者说管理规矩。

规矩是什么？简单说，规矩就是做人做事的基本规则。有的规矩来自于国家、党纪、地方、单位、社区；有的规矩来自于内心，来自于德行。本书主要围绕幼儿园人、财、物管理的方方面面，在体验式理念指导下，结合园所实际，把管理工作分解为一个一个的管理项目，以工作项目的方式，梳理出了"做事的规矩"。姑且称之为"工作流程图"。我们知道，世界上没有两所幼儿园是一模一样的，再优秀的管理模式、管理规矩也不能简单复制到另外一所幼儿园，但这不影响我们幼教人思考办园的规矩、教育的规矩、育人的规矩、文化建设的规矩。这些规矩我们可以不完全相同，但其最实质的"提醒、约束、规范"的作用是相同的。

做事的规矩，是实践的智慧，是在做事中摸索出来、总结出来的管理经验。我园近六十年的办园实践，传承下优秀的传统和做事的规矩。如果与时俱进地审视我们的传承，我发现，这些规矩依然充满正能量，充满生命力。

做事的规矩，是集体的智慧。麻雀虽小，五脏俱全。幼儿园管理涉及人事、财务、教育教学、卫生保健、总务服务等方面，近年来又增加了特色建设、文化建设等内容。多方面的工作，需要领导班子乃至全体职工的集思广益，需要凝聚每个人的智慧力量。

做事的规矩，是依法的实践。推进依法办园，全面践行《北京市学前教育条例》《幼儿园教育指导纲要（试行）》《3—6岁儿童学习与发展指南》等文件法规的践行，就需要通过一张张具体的流程图加以固化、强化。另外，"三重一大"、财务管理等工作流程法规明确，依法落实程度更高。

做事的规矩，是变化的智慧。不是一成不变的束缚。伴随着教育改革、文化建设、特色建设的深入，管理流程需要不断完善、补充、细化。制度、流程的变化突出以工作实践为核心，以幼儿发展为本的理念。

工作的流程，做事的规范。谨以一册工作中粗浅的经验与大家分享。由于编者能力有限，恳请各位专家、同仁批评指正。

二〇一五年九月十八日

目　录

全园管理工作流程图及实施要点

党支部工作流程图及实施要点

工会、教代会工作流程图及实施要点

保教工作流程图及实施要点

科研工作流程图及实施要点

卫生保健工作流程图及实施要点

卫生保健工作流程图

公共卫生流程图

安全工作流程图及实施要点

总务工作流程图及实施要点

新闻宣传工作流程图及实施要点

全园管理工作流程图及实施要点

大额资金使用决策流程图

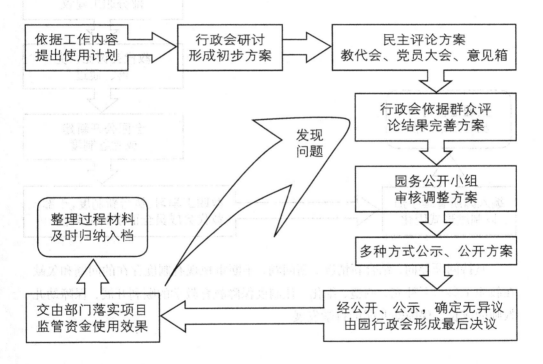

"三重一大"项目的决策突出民主性,把决策权交给教职工。决策重点在于"民主评议方案"环节和"依据教代会意见调整完善方案"环节。但"行政会研讨形成初步方案"环节至关重要,方案的科学性、代表性、全面性、合法性成为重点。

规章制度完善流程图

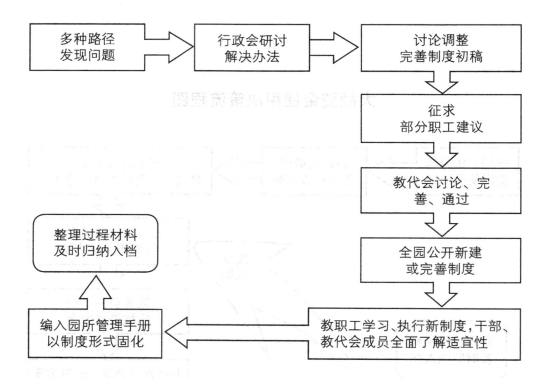

坚持问题导向，结合新情况、新问题，不断审视现有制度存在的问题和欠缺。在教职工参与下补充、调整、细化，让制度保障教育教学的顺利开展，保障幼儿、教师的成长，保障幼儿园的科学发展。

合同制人员管理流程图

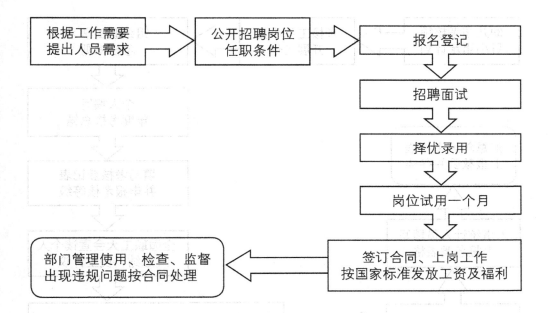

　　依据幼儿园发展需要和岗位需求，面向社会招聘合同制工人。主要注意三点：其一，严格执行标准，宁缺毋滥。其二，严格执行国家相关法律法规要求，确保合同制工人的合法权益不受侵害。其三，加强合同制工人日常工作质量的考核评价，强化监督管理，保障工作质量。

教师年度考核流程图

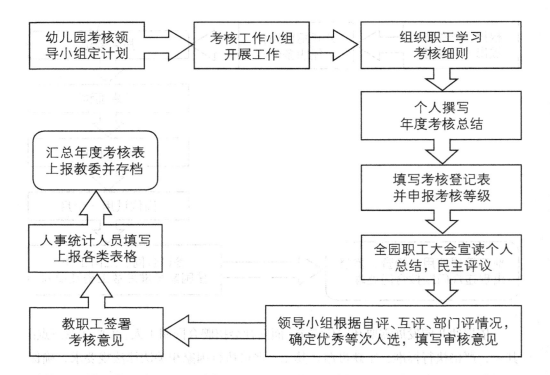

年度考核是激励教职工工作积极性的重要机制。严格执行上级规定的考核细则和优秀比例。重点环节是"自评、互评、部门评",引导教师客观评价自己和别人。

教师职称评定流程图

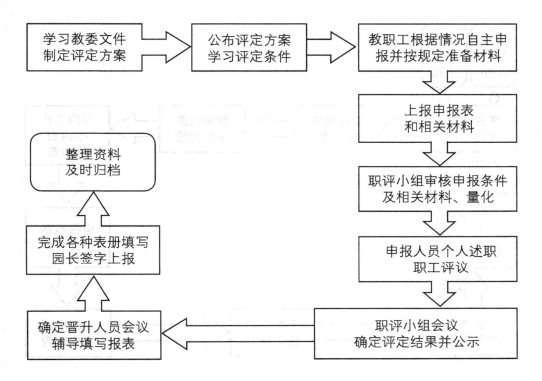

职称评定工作政策性极强，操作流程强化依法依规推进。职评小组发挥职能作用，用职称评定激发职工工作热情，提高教职工职业幸福指数。

岗位设置工作流程图

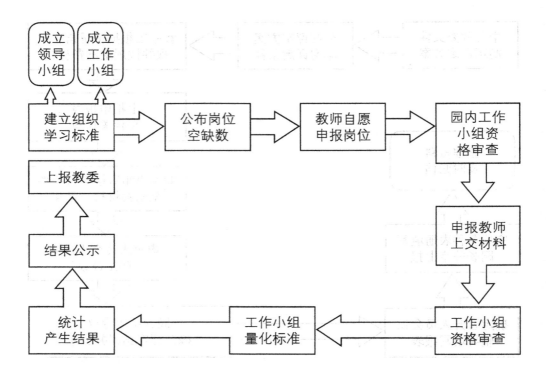

　　此流程是岗位设置工作的"9步"基本实施流程，应严格执行实施程序。可根据当年工作部署，在各环节实施中进一步调整与完善。

来宾参观学习接待流程图

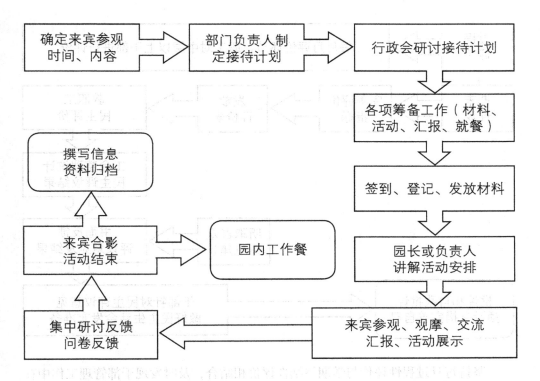

重点在于"行政会研讨接待计划"，计划详细周到，做到接待任务无死角，接待标准执行相关规定。实施项目化管理，项目负责人全面布局，各部门协助推进落实。

民主评议干部流程图

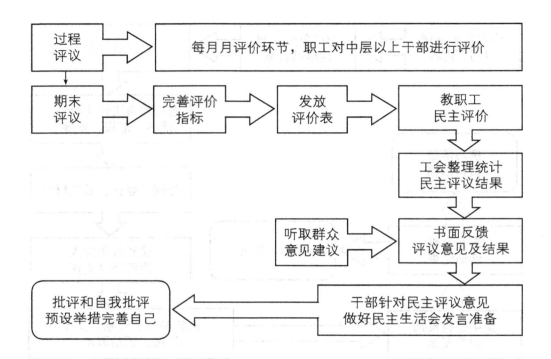

坚持每月过程性评价与学期终结性评价相结合，及时发现干部管理工作中存在的问题，通过民主评议方式，听取职工建议，并以此作为民主生活会发言的重要内容，帮助干部不断提高个人修养和管理能力。

市县先进个人评选推荐流程图

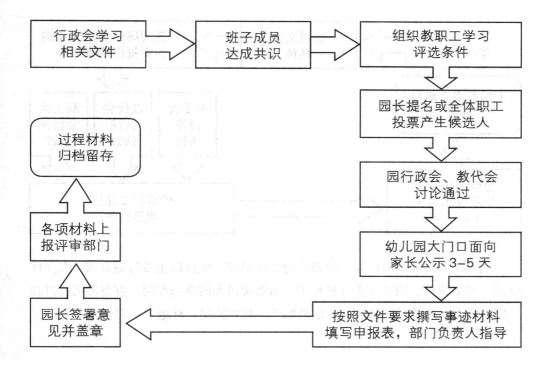

先进人物的评选推荐，关键是依据评选条件，采用民主管理流程，通过职工投票、教代会研讨、公示等环节，发挥榜样示范作用。

年度教师绩效工资方案形成流程图

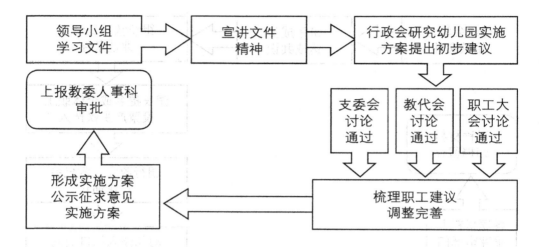

绩效工资发放政策性强,严格执行上级精神,坚持民主参与的方式,在文件学习、方案研讨、调整完善等过程中,给教师最大的参与空间。方案形成的过程一定要突出园所的具体情况,考虑教职工的具体情况,杜绝"一刀切"。

奖励性绩效工资发放流程图

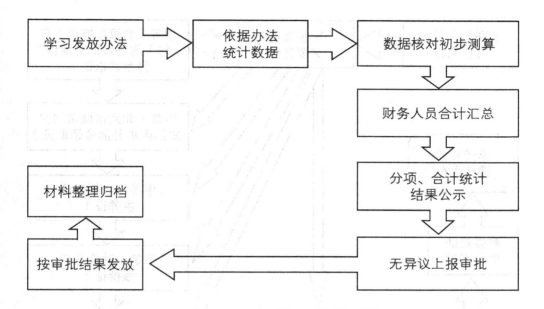

依据办法统计数据，根据岗位职责分块指定专人统计，每组统计人员不少于2人。统计数据结果及时公示，方便职工核对。奖励性绩效工资计算、发放整个过程公开、透明，充分保障职工的知情权。

享受学前儿童资助政策流程图

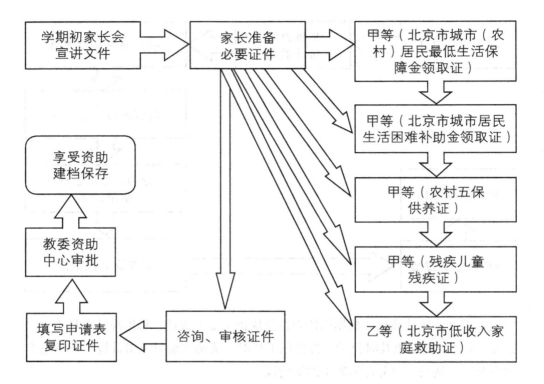

北京市学前儿童资助实施办法政策性强，做好"面向所有家长的政策宣讲"至关重要。让家长了解、理解政策规定。在上级部门、广大家长监督下严格执行相关标准，查验申报证件，公示资助情况。

选派教师外出进修学习流程图

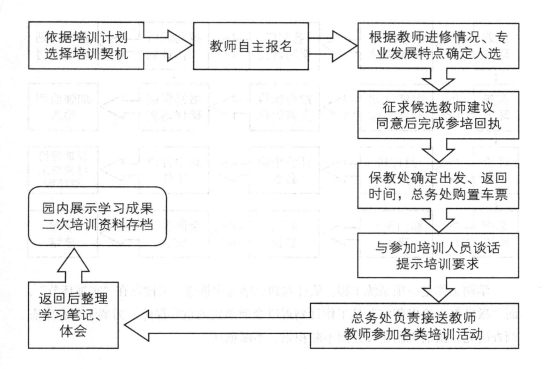

选派教师外出进修学习，重点考察教师学习提高的主动性和学习质量、学后落实情况。尊重教师的专业特长和兴趣，支持教师以长项带动专业素养的全面提升。

学期工作流程图

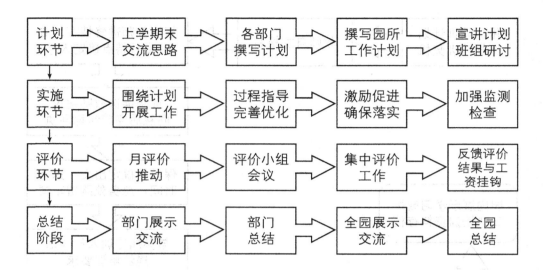

  学期工作是一项系统工程。从计划到总结有序推进。关键点在"实施环节"，而"激励促进确保落实"是工作计划得以全面落实的重要保障。需要干部在常态调查研究、激励机制建设方面不断积累、不断创新。

幼儿园办公物品采购审批流程图

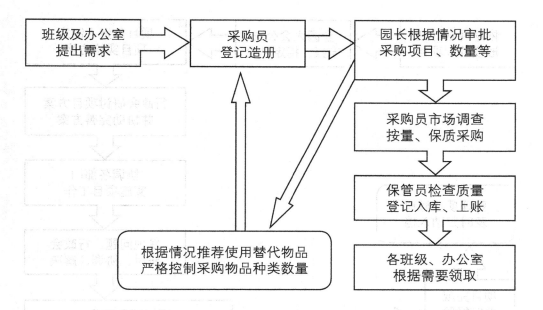

坚持节约办园、生态办园理念，从登记、审批、采购、发放等每一个环节做到"需求至上、零浪费"。以工作实践的真实需要为依据，适当指导并协助提供废旧物品、自然材料进行替代。

幼儿园管理项目实施流程图

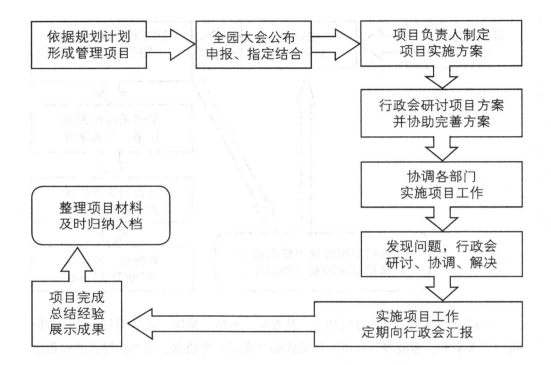

    项目负责人是项目管理的核心,重点环节是"项目负责人制定项目实施方案"。这个过程锻炼负责人的全面考量、规划、协调能力。一个好的项目实施方案是项目得以落实、取得良好效果的基础。

幼儿园年度岗位聘任流程

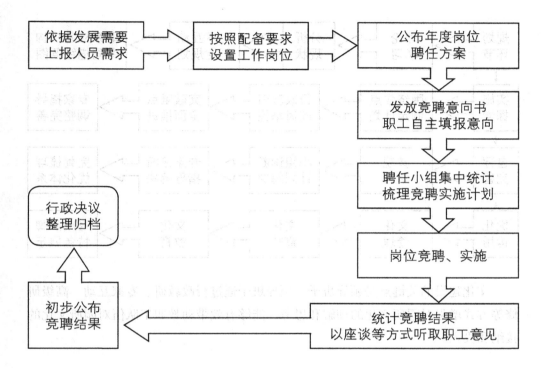

　　年度岗位聘任的过程就是帮助教职工找到最适合自己的岗位。关键环节包括"职工自主填报意向""梳理竞聘实施计划"。坚持双向选择，既要最大限度尊重职工的意向，又要适当引导职工的岗位意向。

幼儿园文化建设管理流程图

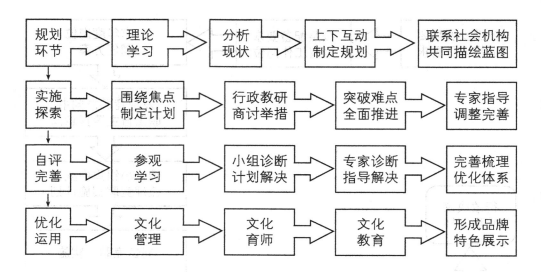

文化建设的关键点是领导班子。领导班子通过行政教研、专家互动、高级研修等方式增强对园所文化的理解和思考，能够有效带动教职工队伍对园所文化的接纳和投入。

幼儿园先进班集体评选流程图

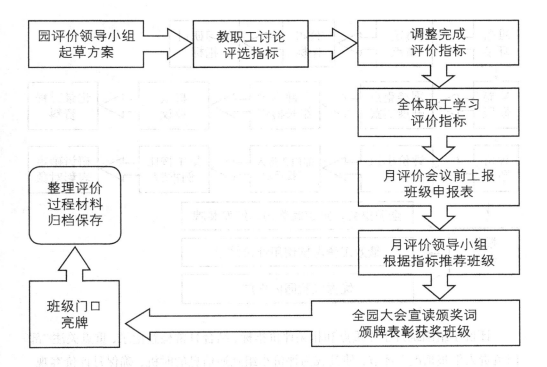

评选先进班集体是幼儿园月工作评价的一项具体举措。关键环节是"评价小组依据指标推荐班级",推荐班级一定依据充足的过程性检查记录,确保评选先进班级的示范性。

幼儿园月评价管理流程图

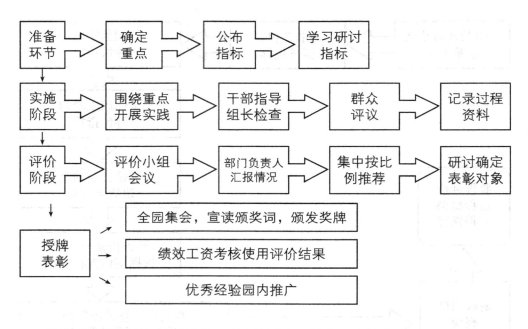

　　评价小组围绕月工作重点和相关评价指标，结合日常检查记录，重点关注"部门负责人汇报情况"环节，使其成为评价小组互通信息的时机，确保月评价客观、公正，避免因检查指导不全面造成的评价误差。

幼儿园招生工作流程图

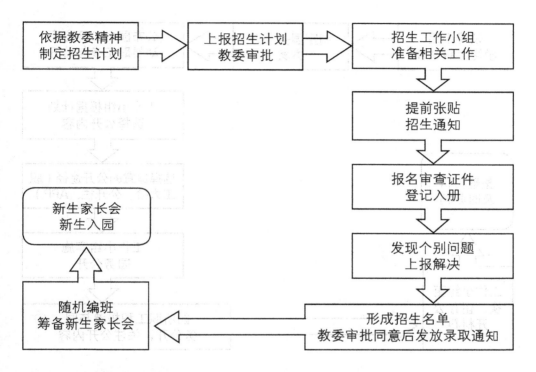

招生工作政策性强，执行难度大。每个环节都至关重要。尤其是"报名审查证件、登记入册"环节，工作人员要强化责任意识，确保登记信息准确无误，保障招生工作环节的顺利推进。

园务公开流程图

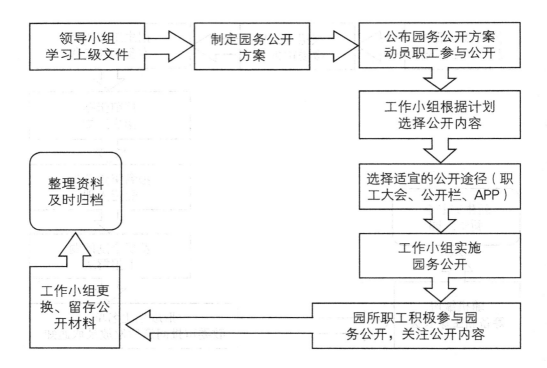

严格执行上级规定的公开要求，重点做好"依据计划选择公开内容""选择适宜的公开途径"等环节工作。坚持与时俱进，丰富公开途径，如手机应用程序APP等，方便教职工对公开内容的关注。

职工工作评价流程图

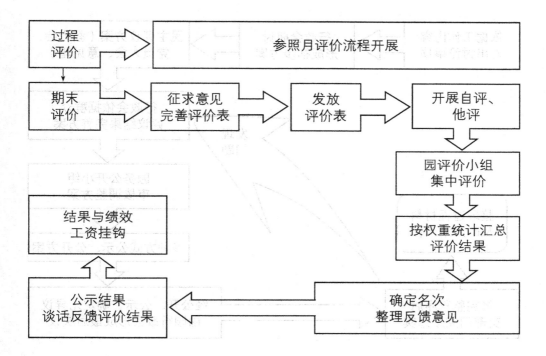

　　教职工工作评价坚持自评、他评、评价小组评相结合的方式，尊重职工自评的积极性，适当调整职工自评结果的计入权重，引导教职工客观、科学评价工作过程、工作绩效。每学期一次，并纳入学年总评。

重大问题决策流程图

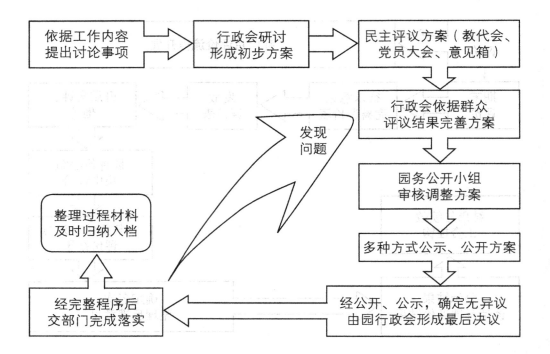

"三重一大"问题的决策，重点做好"民主评议方案"环节，全面虚心听取教职工意见和建议，丰富优化方案，确保重大问题决策的科学。

重大项目决策流程图

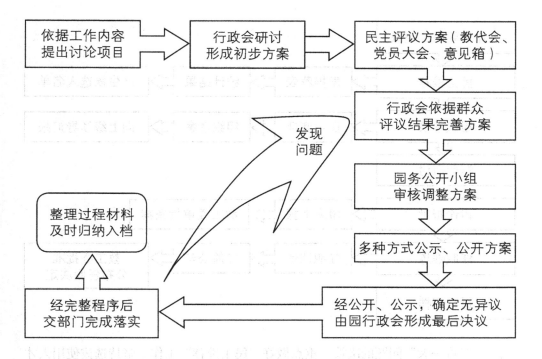

"三重一大"问题的决策，重点做好"民主评议方案"环节，全面虚心听取教职工、领导、专家的意见和建议，丰富优化方案，确保重大项目决策的科学。

重要干部人事安排流程图（校级）

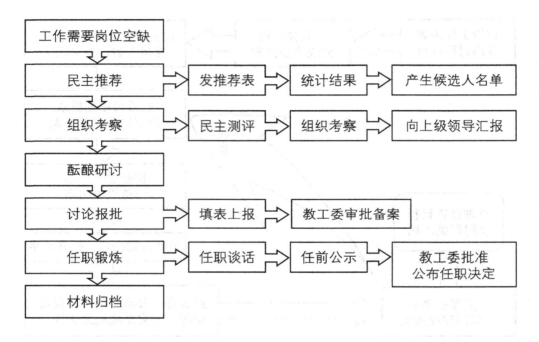

"三重一大"问题的决策，重点做好"民主推荐"工作。坚持选拔使用人才的标准和要求，采用民主推荐方式产生候选人。通过多种形式考察，全面了解拟提拔人员的综合素养情况。

重要干部人事安排流程图（中层）

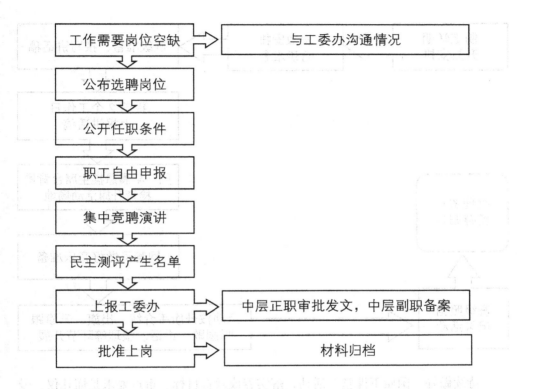

"三重一大"问题的决策，重点做好"集中竞聘演讲""民主测评产生候选人"环节工作。选拔德才兼备人才，通过多种形式考察，全面了解拟提拔人员的综合素养情况。按规定上报教工委审批备案。

周一升旗活动流程图

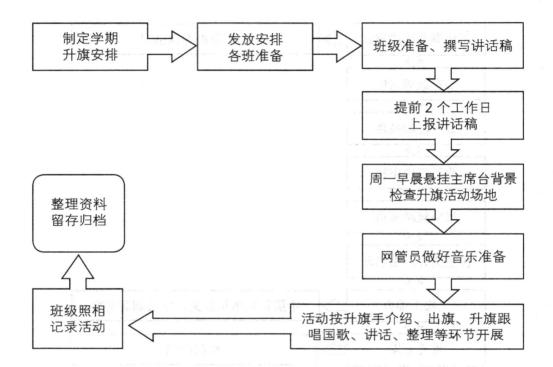

　　持续做好"国旗下课堂"活动，落实养成教育目标。重点要求是懂礼仪，爱国旗。重点环节是"国旗下讲话"，结合孩子真实生活、真实体验，讲孩子需要的、听得懂的内容，让孩子在活动中受到启发。

党支部工作流程图及实施要点

党务公开流程图

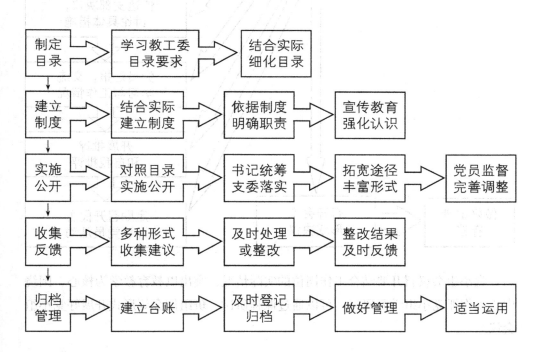

党务公开关键环节在"实施公开"。确实把党员、群众关心的热点、难点问题的解决方案、过程及结果进行公开。方式力求多样。要引导和支持党员做好监督与互动，发现不完善之处及时进行调整完善。

党小组会议召开流程图

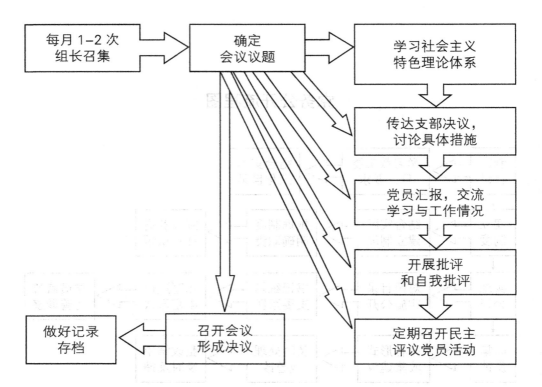

党小组会议召开要结合工作岗位的实际情况，突出以教育教学为核心，围绕中心工作抓党小组学习研讨。可以通过课程研讨、班组例会等形式开展好党小组会议。

党员干部联系群众示意图

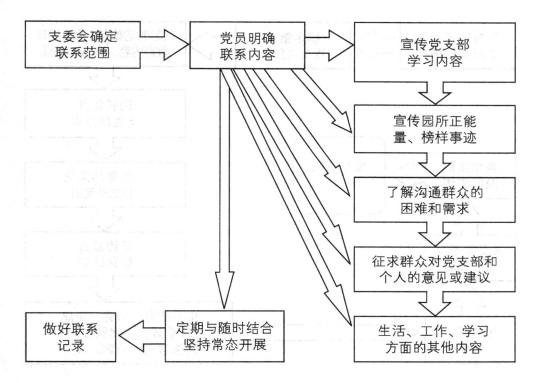

　　巩固党的群众路线教育实践活动成果，坚持制度保障，强化联系内容、联系形式、联系途径的多元化，切实走进群众的内心，把握党员教师的深层需求。

党员廉洁教育流程图

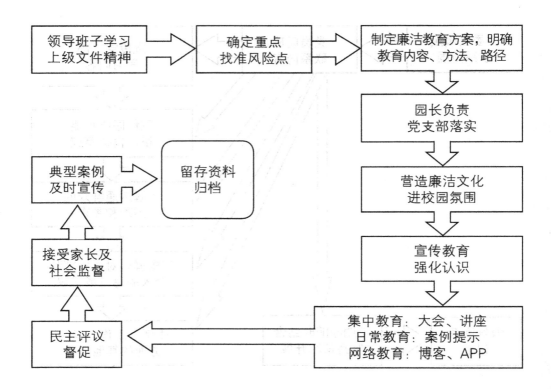

党员廉洁教育要坚持常态化、长效化理念，勤学习、勤分析、勤敲警钟。抓重点环节、抓重点人群、抓自我剖析，突出教育引导的生活化、案例式，用贴近工作、生活的案例警示党员。

党员外出学习考察流程图

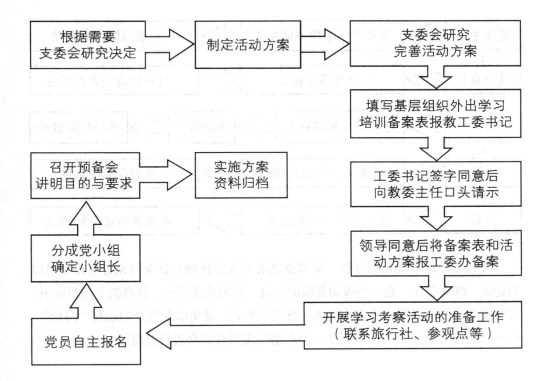

严格执行教工委相关文件规定，注意审批环节、组织环节、费用支出等规范性。强化活动内涵设计，提高活动教育功能。活动与提升党员意识行动紧密结合，及时登录在《党员手册》中。

党支部书记征求群众意见工作流程图

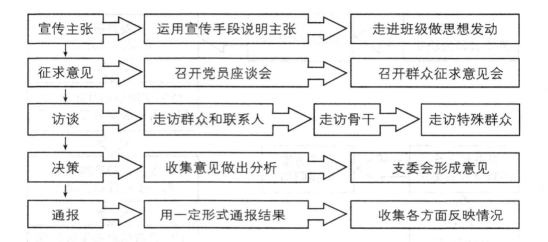

关键点在征求意见的过程。征求意见的方式要体现对群众的充分尊重，可以和党员、群众坐在一起，畅聊幼儿园的发展、教师队伍发展、教育教学质量提升、管理服务中的问题等。适当淡化征求意见的形式，避免引起群众的思想"防御"。着力点放在解决问题上，用实际效果和情况说明对群众进行答复。

党支部组织生活会流程图

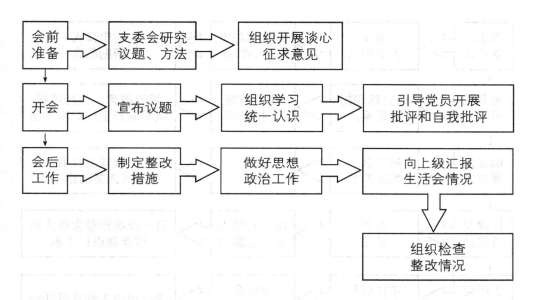

组织生活会的最重要环节是"引导党员开展批评和自我批评"，主持人或者党支部书记要率先带好头，做好示范，消除党员内心的"自护心理"。以团结为目的，敞开心扉，深入剖析问题，扎实预设改进举措，诚恳听取党员批评，不断提高自己党性修养。

发展党员流程图

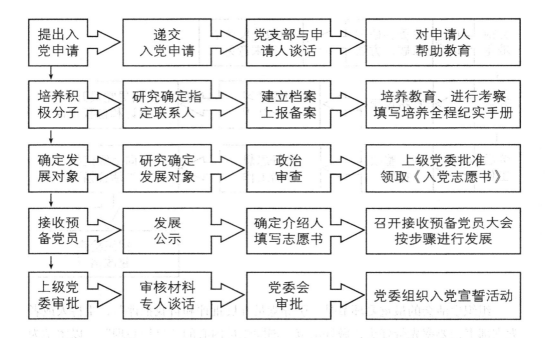

提出入党申请	递交入党申请	党支部与申请人谈话	对申请人帮助教育
培养积极分子	研究确定指定联系人	建立档案上报备案	培养教育、进行考察填写培养全程纪实手册
确定发展对象	研究确定发展对象	政治审查	上级党委批准领取《入党志愿书》
接收预备党员	发展公示	确定介绍人填写志愿书	召开接收预备党员大会按步骤进行发展
上级党委审批	审核材料专人谈话	党委会审批	党委组织入党宣誓活动

　　严格执行上级党委的相关规定，按照时间节点开展相关培养、研讨、公示、政审、发展等工作，认真填写好《培养全程纪实手册》。严格做到成熟一个发展一个，提高发展党员的质量。

开展党课教育流程图

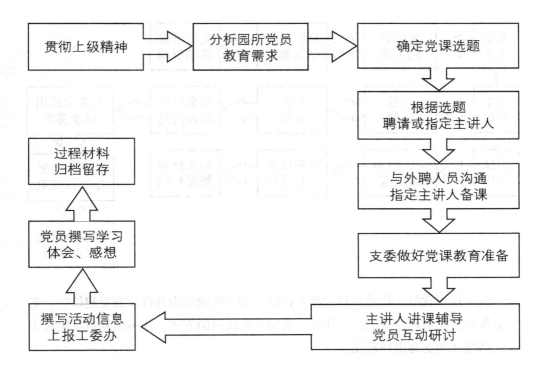

　　开展党课教育，起点是做好"分析园所党员教育需求"，结合教育、学前教育的事业发展、存在问题等制定教育计划。充分利用园所内资源如名师党员、先进人物党员开展好常态化的"微党课"，适当邀请专家、领导做党课报告。

民主评议党员流程图

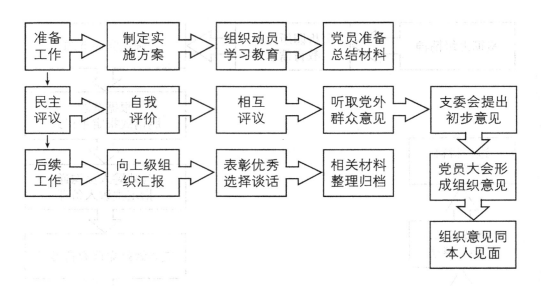

民主评议党员工作重点是"相互评议"和"听取党内外群众意见建议"。党支部做好意见梳理并提出指导建议。采用个别反馈的方式，郑重向党员反馈民主评议情况和党支部指导建议。

推选优秀党员流程图

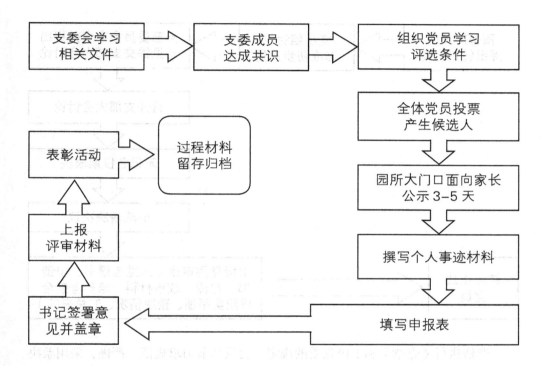

　　推选优秀党员，重点做好标准学习理解、民主票选、规范公示等环节工作，坚持公平、公正、公开原则，推选出党员认可、群众满意的优秀共产党员。

预备党员转正流程图

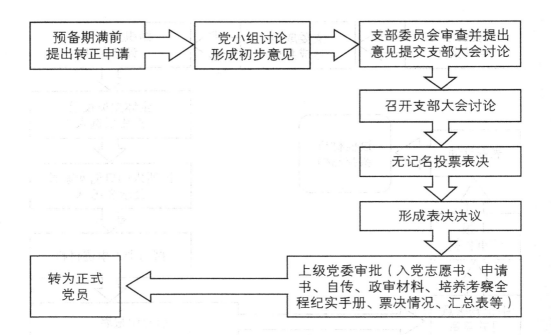

严格执行《党章》和上级党委的规定，会议环节力求规范、严谨，采用票决的方式进行表决。

召开党员大会流程图

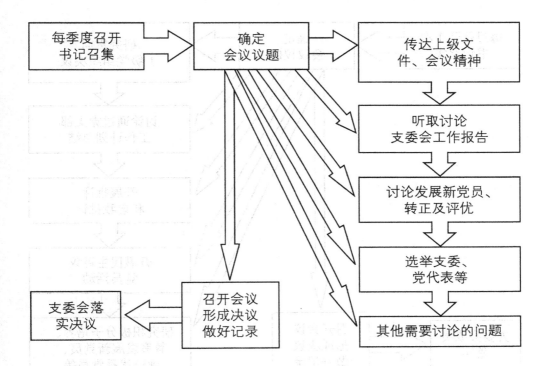

　　根据党支部工作需要和上级党委要求，规范召开党员大会。大会要突出重点议题，引导党员积极参与研讨与交流，在思想上达成共识。

召开支委会流程图

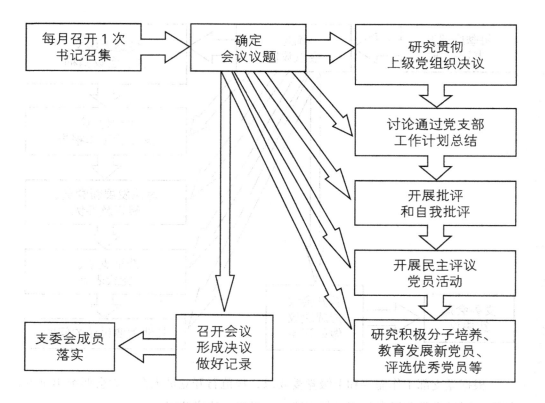

党支部书记根据工作需要，适时召开支委会。支委会研究问题强调民主，坚决杜绝"一言堂"。形成决议，共同执行。

工会、教代会工作流程图及实施要点

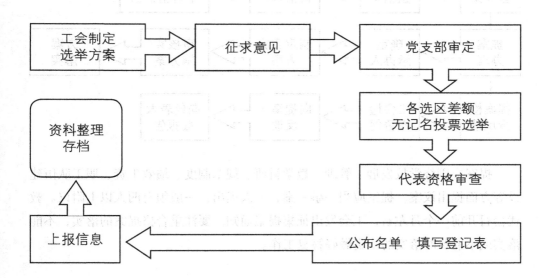

教职工代表产生流程图

工会制定选举方案	→	征求意见	→	党支部审定

各选区差额无记名投票选举

代表资格审查

| 资料整理存档 | | | | 公布名单 填写登记表 |

上报信息

按照上级规定比例、推选流程产生教职工代表。重点掌握好代表结构、比例和差额。

代表提案流程图

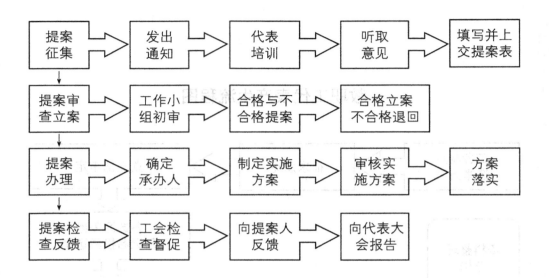

提案应围绕学校发展、管理、教学科研、规章制度、绩效工资、职工队伍建设等方面提出议案。提案应当一事一案，一人提出，一般须有两人以上附议。教代会召开前一个月左右，工会发出征集提案通知。要注重合格提案的落实，不能落实或不能及时落实的一定做好答复工作。

教职工代表大会筹备流程图

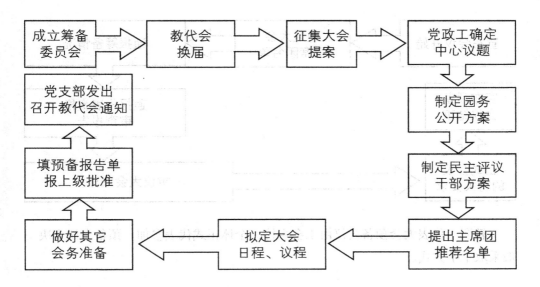

在党支部领导下，成立由党政工各部门人员构成的筹备委员会，负责具体筹备工作。需提交大会讨论、审议、通过的文件至少于会前 10 天发给职工代表，在广泛征求意见的基础上进行完善。

教职工代表大会预备会议流程图

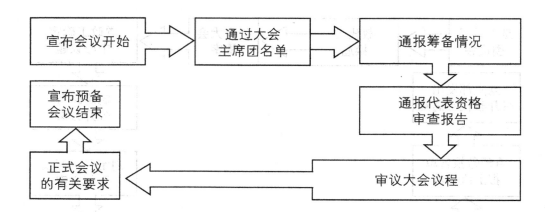

教职工代表大会预备会议由工会主持，全体正式代表参加。预备会议表决一般采取举手方式。

教职工代表大会会议流程图

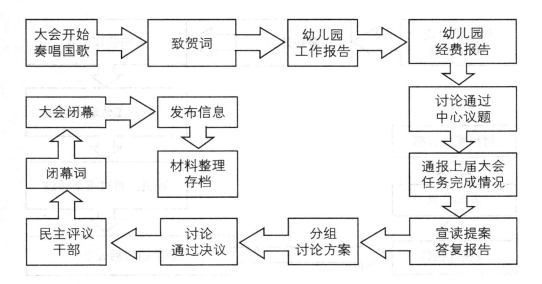

与会代表超过代表总数三分之二，方可宣布开会。园长每年至少做一次工作报告。各项议案在充分讨论，意见基本一致的基础上方能提交大会进行表决，表决须经到会教职工正式代表过半数同意方为有效。对未获教代会通过，而又确需实施的议案，可以在广泛征求意见修改后进行复议，也可以提交下次教代会再议。

常态教代会流程图

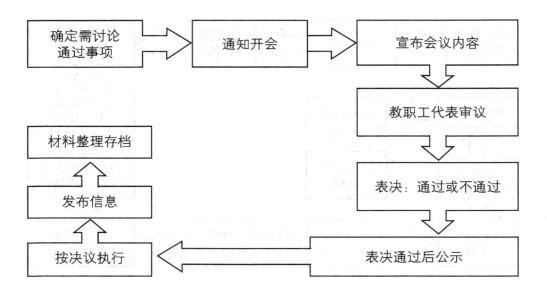

根据工作需要适时召开教代会，对教代会职权范围内的问题进行讨论、审议，并作出相应的决议或决定。如评优评先、大额经费使用等。表决须经应到会教职工正式代表过半数同意方为有效。行政是教代会决议、决定的主要执行者，工会是决议、决定执行情况的检查督促者。

工会换届选举流程图

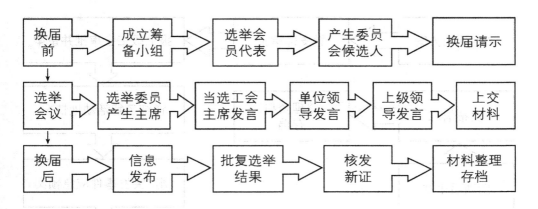

换届前	成立筹备小组	选举会员代表	产生委员会候选人	换届请示

选举会议	选举委员产生主席	当选工会主席发言	单位领导发言	上级领导发言	上交材料

换届后	信息发布	批复选举结果	核发新证	材料整理存档

　　本届工会组织成立换届筹备小组，由全体工会会员推选会员代表，产生委员会候选人。新当选工会主席报上一级工会批复。不是连任的工会主席到所在区县总工会换发证书。

全体会员集体外出活动流程图

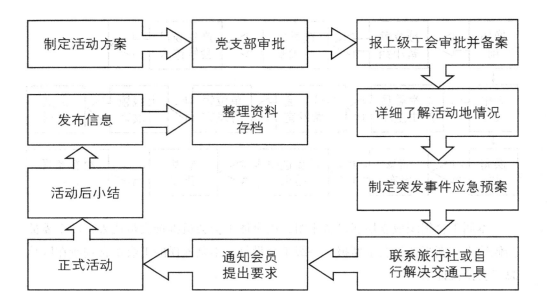

活动前争得幼儿园党政主要领导同意，并向教育工会上报申请审批表，待教育工会审批后方可开展活动。要详细了解掌握活动地情况，以便周密安排，确保活动安全、有序、达到预期效果。

组织文体活动流程图

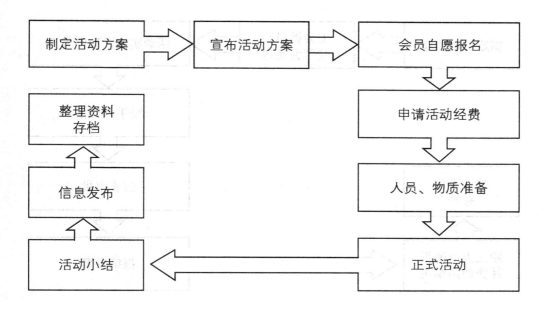

组织活动要有一定意义，活动采取集中与自愿相结合方式，创造宽松活动氛围。申请活动经费符合工会经费支出管理办法。

工会经费使用流程图

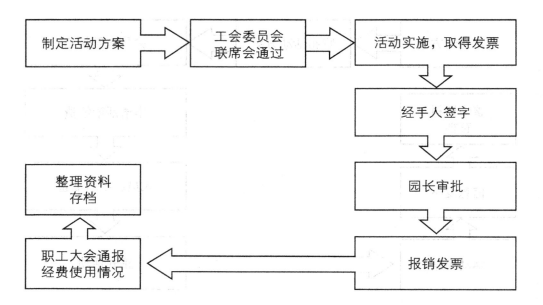

经费支出必须符合工会经费支出范围、标准。

慰问职工或家属流程图

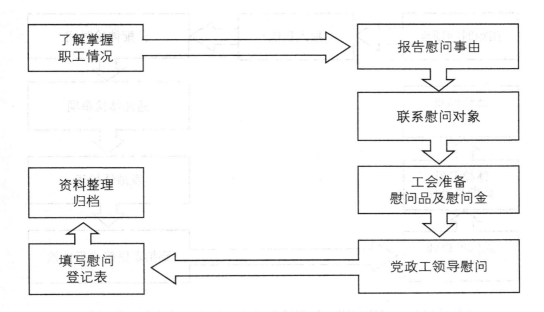

注重与党政领导、职工沟通，了解职工情况。依据慰问对象不同情况，执行不同的慰问标准，把组织的温暖送到职工的心里。慰问后及时做好登记。

教职工体检流程图

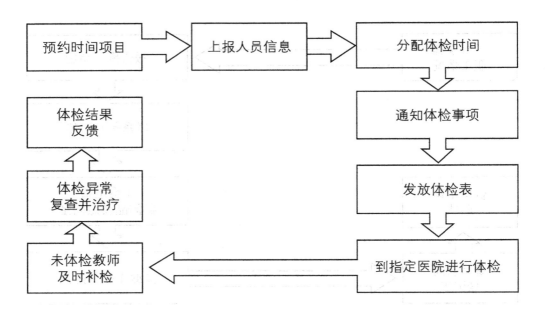

预约体检时间尽可能不影响教育教学活动，体检项目符合单位要求和职工需求，职工明确了解体检流程、项目以及注意事项。关注职工体检情况，关心职工身心健康。

保教工作流程图及实施要点

日常规工作流程图

班级组织晨间接待流程图

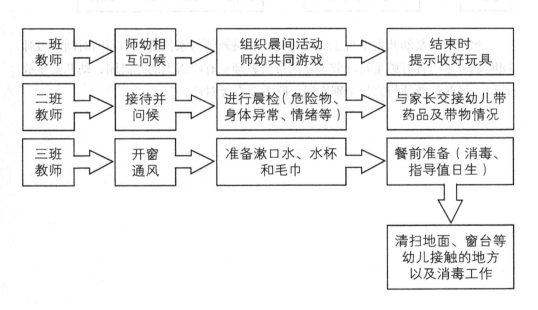

一班教师	→	师幼相互问候	→	组织晨间活动 师幼共同游戏	→	结束时 提示收好玩具
二班教师	→	接待并问候	→	进行晨检（危险物、身体异常、情绪等）	→	与家长交接幼儿带药品及带物情况
三班教师	→	开窗通风	→	准备漱口水、水杯和毛巾	→	餐前准备（消毒、指导值日生）

餐前准备（消毒、指导值日生）↓

清扫地面、窗台等幼儿接触的地方以及消毒工作

　　三位教师的明确分工、各司其职是重点，并要做到特殊情况时三人相互补充。晨间接待中教师要用自身的礼仪为幼儿做示范榜样，班级晨检时重点检查不安全因素（如钉子、皮筋等）。

班级组织离园环节流程图

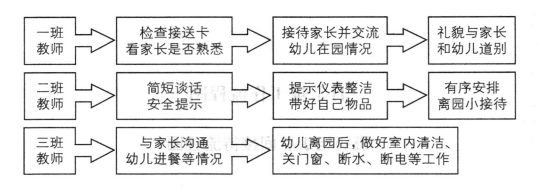

此环节既是幼儿自由自主活动时间，也是教师与家长进行沟通的时间。教师间明确分工、各有侧重是环节重点。带班教师要有序组织幼儿离园，幼儿安全放首位。另两位教师与家长个别沟通，联系要有针对性。

开展离园小广播流程图

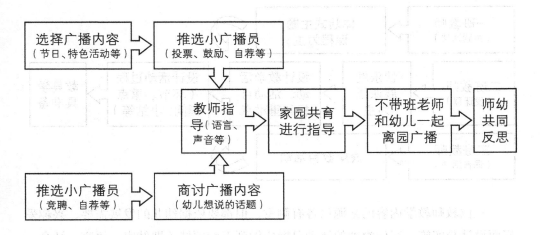

　　广播前的环节是保障有效实施的前提，广播人员和内容不能简单产生，更不能把辅导环节单纯的交给家长进行。广播中切忌幼儿死记硬背，要注重幼儿对广播内容的亲身实践感知，语言的自然表达。

教师备课流程图

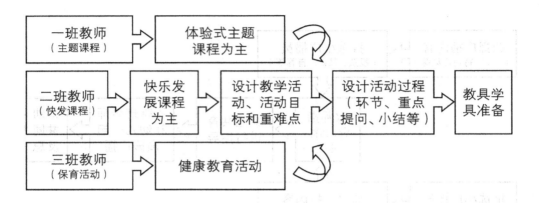

三位教师教学内容的来源虽各有侧重，但都要依据幼儿的发展需要、兴趣爱好而设计与实施。三位教师的活动目标要做到五大领域（即健康、语言、社会、科学、艺术）均衡，促进幼儿全面和谐发展。

班级室内区域游戏组织流程图

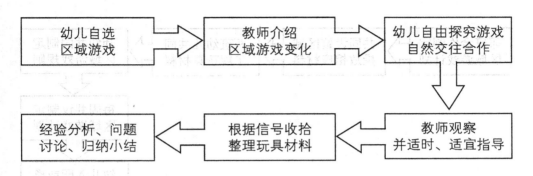

每个环节不是必有（如第二个环节"教师介绍区域游戏变化"），各班教师要根据游戏前的实际情况灵活组织。

班级跨班区域游戏开展流程图（中大班）

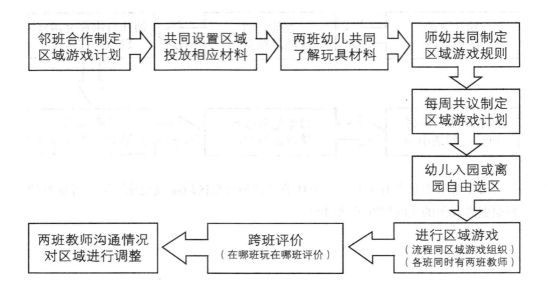

　　相邻两个班级教师的及时沟通、合理设计、及时调整是跨班区域游戏有效开展的有效保障。区域游戏中教师是两个班的教师，从观察幼儿游戏行为到与幼儿分享交流游戏经验问题，都要关注两个班的幼儿。

班级户外游戏组织流程图

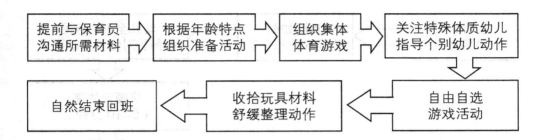

提前与保育员沟通所需材料 → 根据年龄特点组织准备活动 → 组织集体体育游戏 → 关注特殊体质幼儿指导个别幼儿动作

自然结束回班 ← 收拾玩具材料舒缓整理动作 ← 自由自选游戏活动

以保育员教师为主关注特殊体质幼儿，两位教师提前沟通是实现户外活动默契配合的前提。

午睡及起床环节教师工作流程图

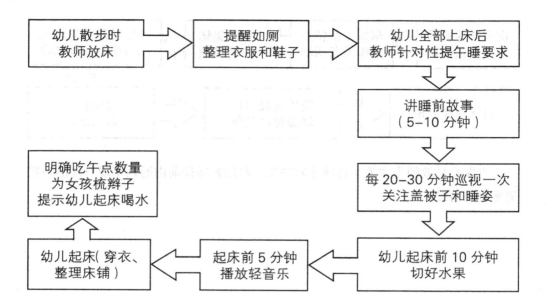

此环节易于幼儿养成有序做事的好习惯，教师可与幼儿一起协商一些暗号衔接（如以听到故事声音就要保持安静，把拉开窗帘作为起床的信号等），需要教师长期一贯、坚持不懈地按照流程实施。在起床后环节要注重引导先做完事的幼儿能做自己喜欢的事情，避免消极等待。

教师队伍建设流程图

教研活动组织流程图

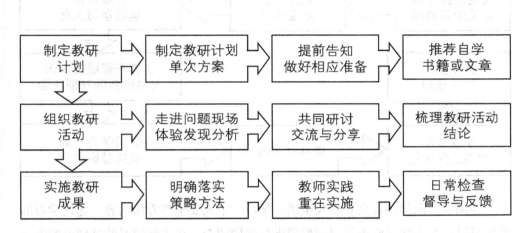

教师是教研的主人，发挥教师主观能动性。教研过程要注重"体验"理念在教研活动中的运用。注重走进现场中的发现与分析，注重教研成果在日常工作中的应用。

教师驻园学习流程图

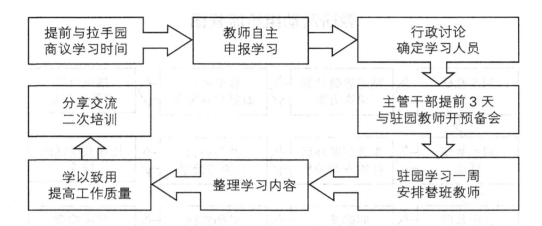

驻园学习前的预备会要涉及生活、学习、个人安全等方面内容。建议学习的教师可以先与参加过此项学习的教师进行前期调查，在了解情况的基础上增强学习的目的性和计划性。

教师外出学习二次培训流程图

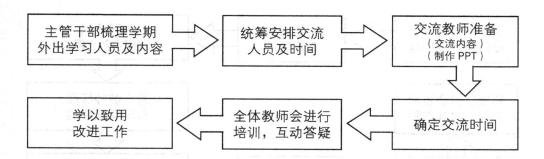

　　交流教师要做到：在交流中不是全程展示自己学习中照的照片和录的学习视频，而是要交流分享自己众多学习中收获感悟最大的内容以及认为和我们工作关系最密切的内容。此活动可以在学期初集中培训，也可以根据工作需要在学习后及时进行分享交流。

骨干教师教学实践研讨会流程图

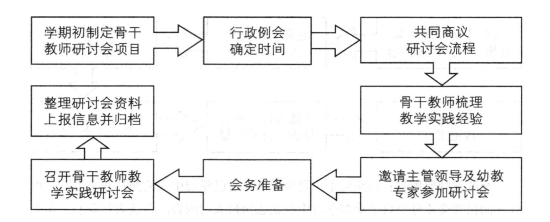

　　整个活动的准备过程中，因为涉及的人员多、时间长，尤其要做到分工明确、时间节点清晰。活动过程突出骨干教师的主动性，在团队的支持中实现个人专业素质的新提升。

园级骨干教师评选流程图

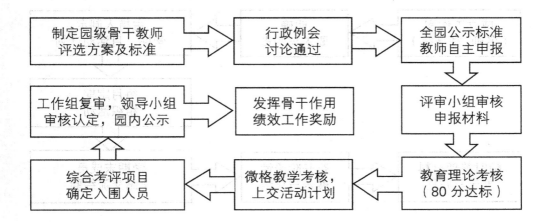

园级骨干教师每学年评选一次，动态管理。学年初，对有意向参加评选的教师进行项目培训，注重把整个申报与评选的过程作为提升教师专业素质的过程。各环节严格按照方案实施，保证公开透明、公平公正。

骨干教师工作室管理流程图

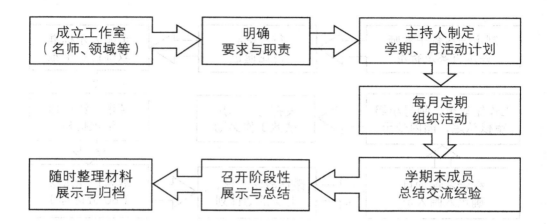

学期初要对工作室成员进行明确，幼儿园为工作室提供时间保障。业务干部应参加每次的现场活动，支持每次活动成果在日常工作中的应用与推广。

骨干教师工作室组织流程图

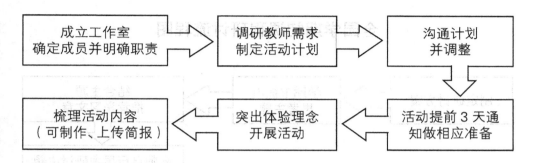

工作室内容选择要与教师实际需求密切相关，活动过程运用体验理念指导并注重体验性、现场性。

体验课程管理流程图

全园学期初课程研讨流程图

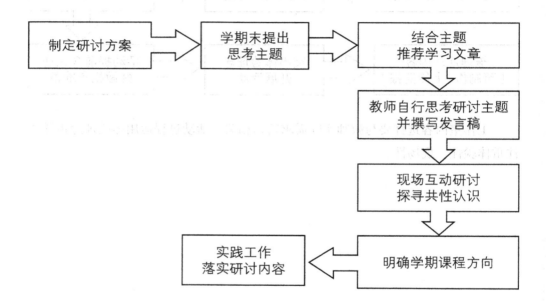

研讨内容是对一学期工作的引领，注重对理念的理解与内化。研讨人员要在充分学习、思考的基础上进行交流分享与互动研讨。研讨现场的形式可以灵活多样，根据研讨内容及人员情况采用集体或小组等多种形式进行。

年龄组体验主题课程研讨流程图

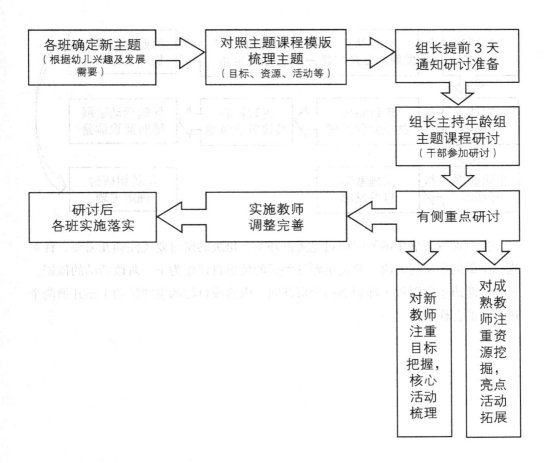

　　研讨时间要保证（每月月末或月初进行），研讨侧重点要依据参加研讨教师的实际需求而定，注重集思广益、拓展思路，解决突出的问题，关键是思路的引领。另外不能重说轻做，要关注研讨后的实施情况。

班级体验主题课程研讨流程图

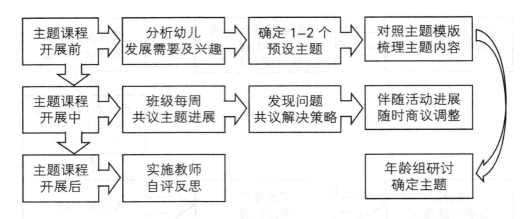

　　主题课程开展中的及时研讨是重点环节，班级的研讨要关注幼儿需要、针对进展中的问题研讨解决。要把主题开展后的反思自评作为下一阶段活动的依据。另外，跨班主题课程（即相邻两个班开同一内容或目标的主题活动）要开展两个班教师的合作研讨。

体验课程典型活动观摩流程图

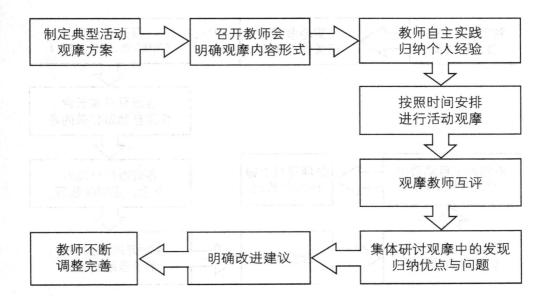

　　典型活动观摩能有效助推个人阶段研究成果的深入与共享，观摩后的研讨可以现场进行，也可以根据时间而另外专门组织。侧重点为发现共性优点、找出针对性存在问题。

全园假日亲子自助游流程图

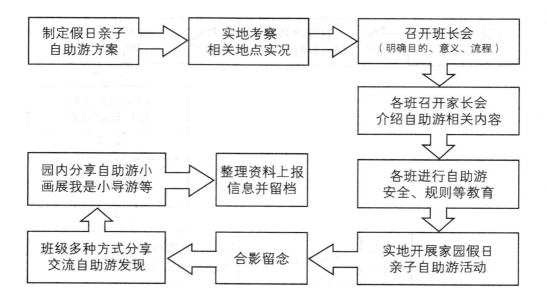

自助游地点可以与身边时事、实时资源相结合，各班游览子方案的制定要具体可操作，保障自助游的质量，自助游后的多方式表达表现可以结合年龄组展示活动进行。

年龄组市区实践活动流程图

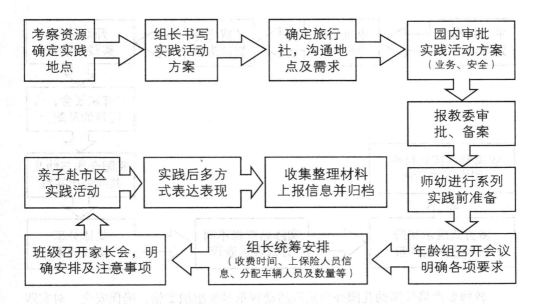

　　合作旅行社要正规有资质，实践活动全程必须有导游陪同。教师要注重把实践活动前、中、后都作为发展幼儿的途径。实践活动所需费用，由旅行社向家长直接收取。

班级外出实践流程图

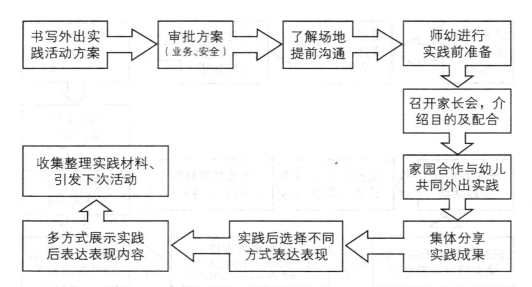

教师要严格按照幼儿园外出实践活动规章制度组织实施，确保安全。对实践的各资源场地都要提前熟悉与了解。关注实践活动前、中、后每一环节对幼儿的发展价值。

班级体验主题课程自评流程图

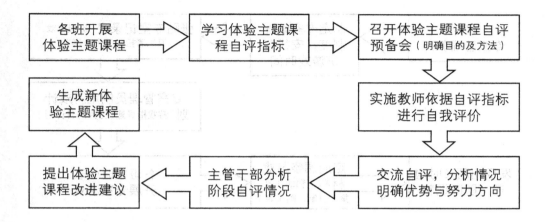

　　自评标准要随着课程的深化而不断调整。教师在自评前要认真学习各评价指标，评价中要做到客观准确，重在总结经验及发现问题。业务干部要注重对全体教师阶段课程自评结果的汇总分析与应用。

特色专室管理流程图

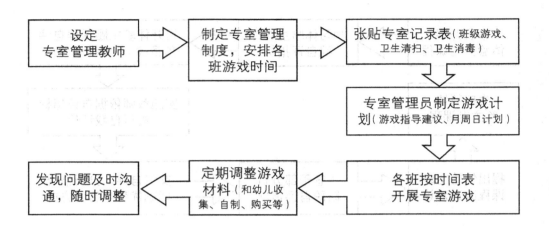

幼儿园要统筹各专室使用时间，保证班级有序、按时游戏。各专室计划要与班级及时沟通，班级根据幼儿实际情况灵活调整。

特色专室使用流程图

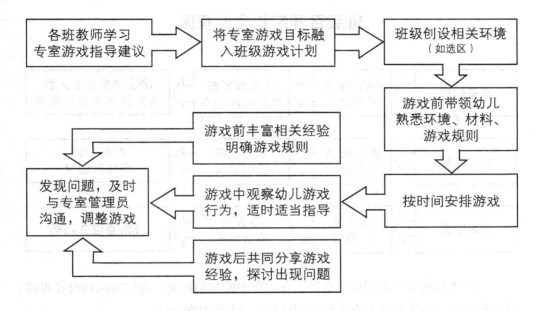

游戏前师幼双方的经验准备非常重要，各班教师要和幼儿一起充分准备。游戏中教师注重对幼儿行为的观察与分析，对于专室使用建议及时与专室管理员反馈。

家长工作流程图

班级召开家长会流程图

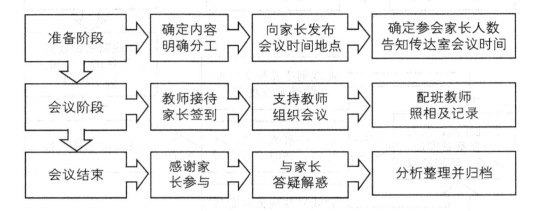

三位教师的分工要明确、有序，在过程中能互相补充。会议时间和内容要提前告知家长。每次会议要有家长签到以及文字与照片的记录。

班级入户家访流程图

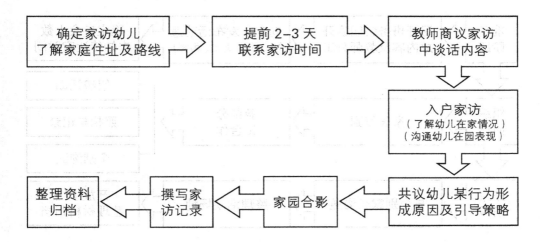

家访要有明确的目的，不是串门聊天。"共议幼儿某行为形成原因及引导策略"是家访中最突显价值的环节，要提前做准备（如预先学习诊断问题的理论依据，预先思考建议措施等）。

班级开放活动流程图

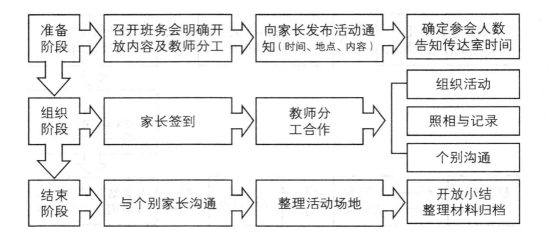

　　开放活动不等同于亲子活动，可以是家长作为旁观者观察班级活动中自己孩子的表现。开放前要明确开放的内容、目的及形式。开放前要用多种形式向家长明确开放活动中关注什么，活动中师幼正常自然活动，开放后与个别家长沟通幼儿发展情况。

班级召开小型家园座谈会流程图

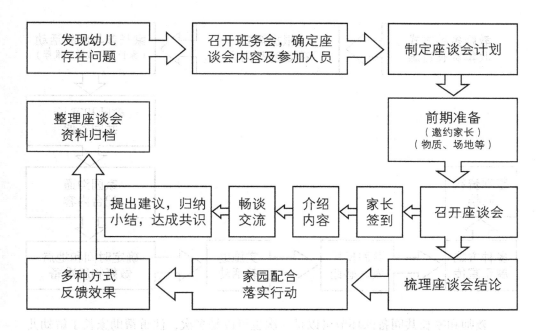

　　小型座谈会要有明确的内容及目的。参加人员可以是存在共同问题困惑的家长，也可以是在此方面经验丰富的家长。"畅谈交流"环节是座谈会重要环节，组织教师要从零散的言谈中抓住主要问题及重要方法，作为建议和归纳的基础。

班级家长助教流程图

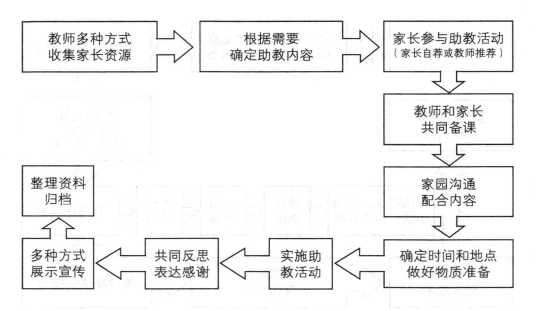

教师和家长共同备课环节可以是一次也可以是多次，注重帮助家长了解幼儿园集体活动的特点和方式及注意事项。助教过程中教师可以作为配班的角色隐形参与活动。

年龄组"家长育儿经验交流分享"流程图

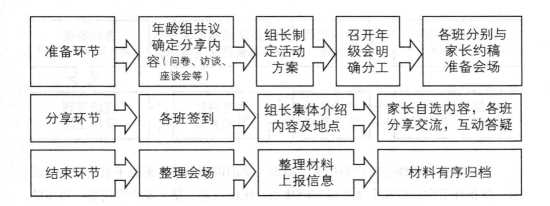

家长讲座的内容一定要来源于年龄组家长的共性困惑需求。与家长约稿过程中教师要针对交流形式提出改进建议。活动时间不宜过长，建议在 30-40 分钟完成。

园级家长讲座活动流程图

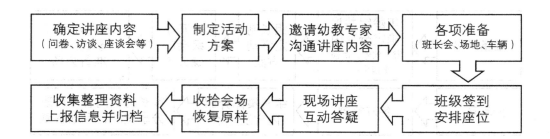

确定讲座内容 （问卷、访谈、座谈会等）	制定活动 方案	邀请幼教专家 沟通讲座内容	各项准备 （班长会、场地、车辆）
收集整理资料 上报信息并归档	收拾会场 恢复原样	现场讲座 互动答疑	班级签到 安排座位

　　幼儿园要对讲座专家严格把关，邀请人员的讲座内容要来源于家长的当前需求。准备环节中的班长会要明确时间地点、座位位置、路上安全等内容。讲座的互动答疑环节要关注不同层面家长提问。

园级新生家长会流程图

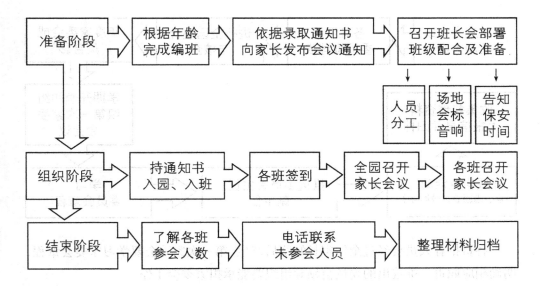

会议涉及人员广，要依据流程图统筹安排。保安人员要严把入园关。集体会议与班级会议内容要充分准备、不能重复。这是家长入园后的第一次会议，会后要对名单上所有人员是否与会清晰明了。

园级年度家长委员会成立及活动流程图

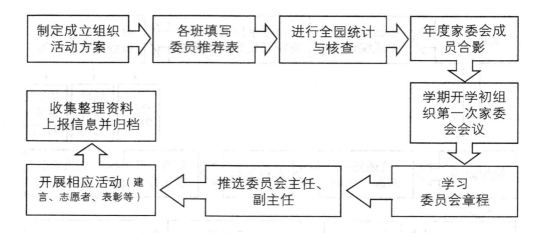

　　各班推荐人员要经过全体家长知晓后产生。第一次家委会要学习家委会章程，明确相应职责。推选出的委员会领导组织要能承担家委会工作。

园级部分家长座谈会流程图

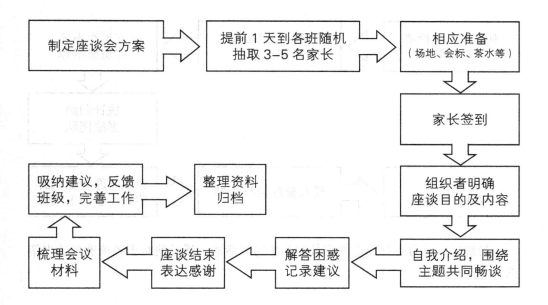

选取家长要随机抽取。座谈会中为参会每一位家长提供表达机会并详细记录。对于座谈会后的共性情况及个性问题要及时分析，并与班级教师进行反馈。

园级家长志愿者流程图

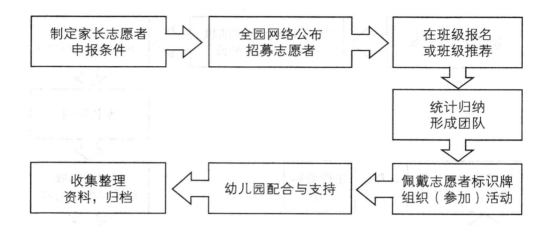

鼓励每一位有参加意愿的家长参与志愿者活动。活动前对于各项准备适当帮助与提示。

保教评价流程图

教学工作检查、指导流程图

业务干部

班级
- 定期检查指导
  - 每月查看指导计划制定与实施
  - 每月查看指导家长工作开展
  - 每月查看指导观察记录
- 随机检查指导
  - 每日查看指导一日常规
  - 每周查看指导课程实施

组长
- 定期检查指导
  - 每周查看指导教学计划制定
  - 每周查看指导课程实施
- 随机检查指导
  - 每日活动组织

看文本 · 看课程环境 · 看幼儿表现 → 记录检查结果 月评价使用 → 留下指导建议 或面对面反馈 促其进步

检查指导不等同于评价，要留下具体指导建议。定期与不定期的检查指导既要关注全体教师，也可以对个别教师进行跟踪连续指导。

室内区域游戏互评流程图

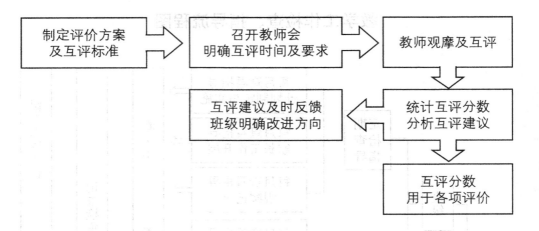

评价方案中的标准就是工作导向，要清晰明确、注重阶段性。把每次互评量化与实际工作提高联系一起，不是单纯的开展分数互评。

体验课程互评流程图

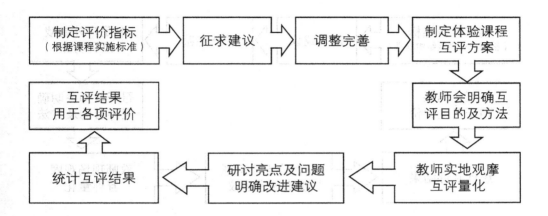

　　评价方案中的标准就是工作导向，要清晰明确、注重阶段性。把每次互评量化与实际工作提高联系一起，不是单纯的开展分数互评。互评前提示教师公平公正，分数量化要客观准确并拉开分值。研讨亮点及问题环节在教师个人互评分数后进行，以免影响打分。

户外游戏互评流程图

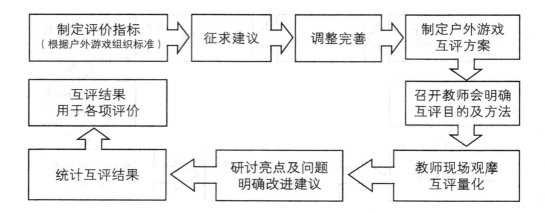

评价方案中的标准就是工作导向,要清晰明确、注重阶段性。把每次互评量化与实际工作提高联系一起,不是单纯的开展分数互评。互评前提示教师公平公正,分数量化要客观准确并拉开分值。研讨亮点及问题环节在教师个人互评分数后进行,以免影响打分。

评选年度幼儿、家长喜欢好老师流程图

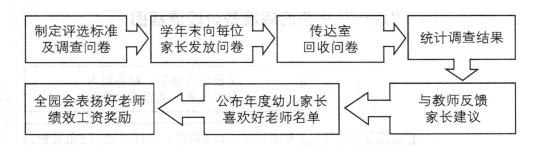

制定问卷要具有开放性，让家长能把自己对班级的看法表达清楚。发放问卷要明确提出让家长回家与幼儿商议后填写。回收问卷在幼儿园大门口进行，打消家长顾虑。统计结果要及时与教师个人沟通。

保教其他工作流程图

"六一"文艺汇演准备阶段流程图

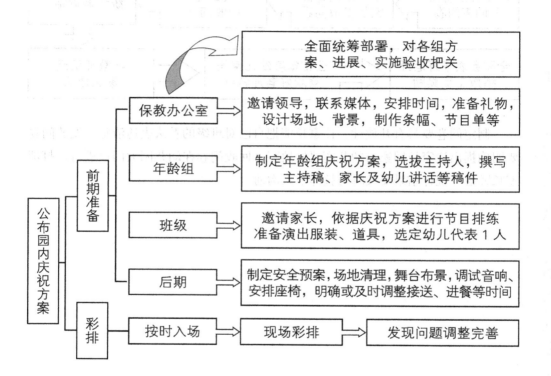

根据每年文艺汇演主题、场地、分组等不同，流程需要适当调整。图中的彩排环节需按照实施流程进行，图中的"等"字涵盖诸多内容，需依据历年不同情况缜密筹备。

"六一"文艺汇演正式实施阶段流程图

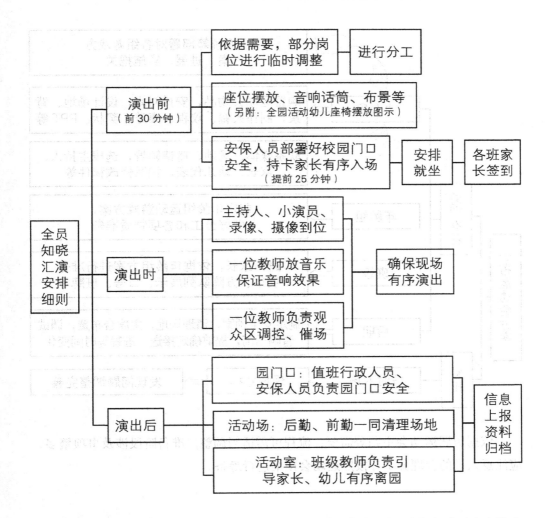

演出前各项准备、人员分工、安保工作等均需要高度重视。演出时要注意演出节奏的把握，根据演出中的情况动态调整。演出后有序离场为着重关注的安保环节。

运动会准备阶段流程图

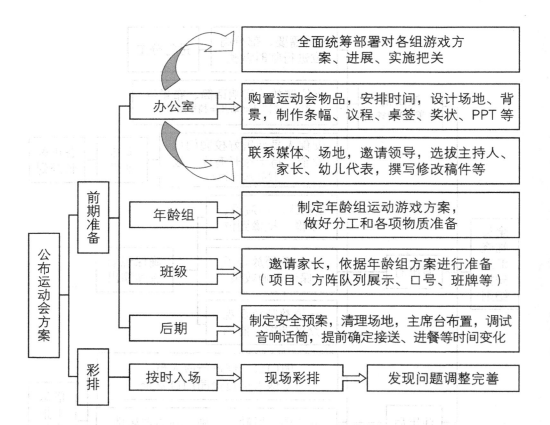

依据历届运动会主题等需要，流程可需适当调整。准备阶段涉及事项繁多，应注意人员的合理分工并按照运动会预案进行筹备。

运动会召开流程图

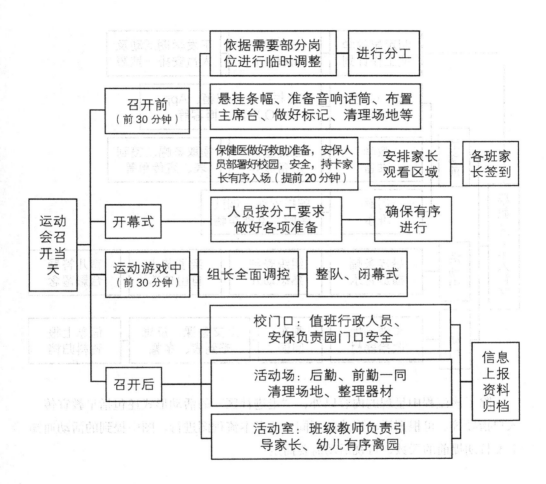

此项活动属于全园性大型活动，需要科学合理统筹。前、中、后各环节中，人员分工要合理，做到各司其职，尤其应确保活动中的人员安全。

早教直通车入社区流程图

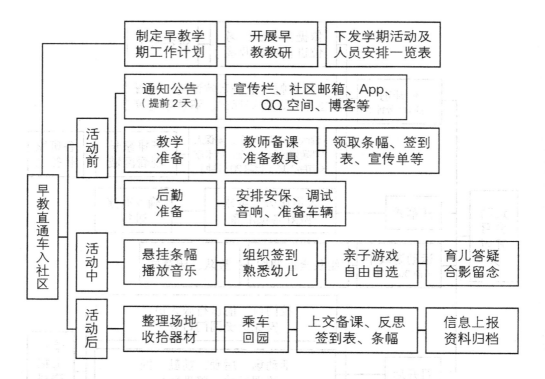

除了该流程中呈现的内容以外，"走进社区"的活动形式还包括早教宣传、入户指导等。可根据活动形式的不同，参考本流程图进行。图中提到的活动通知下发日期提前的天数，可视活动需要而定。

早教室内外开放日流程图

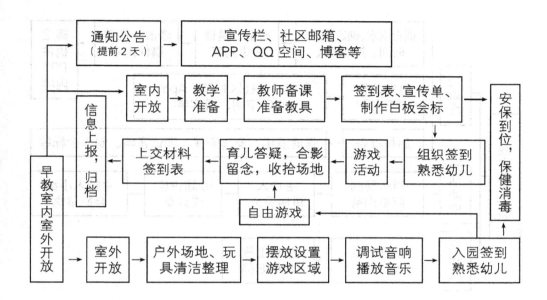

早教室内和室外开放活动组织的形式完全不同，实施过程中需进一步细化。图中有"育儿答疑"环节，教师需提前准备引起重视。

早教大讲堂流程图

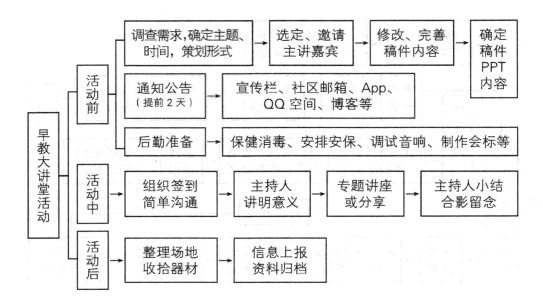

根据大讲堂组织形式的不同，需要进行适当调整。活动前的准备是"大讲堂"关键环节，特别应注重讲座主题的选择和稿件的定夺。

特殊儿童申报与管理流程图

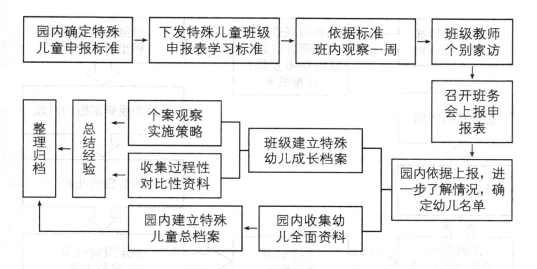

　　这里说的"特殊儿童"指的是有特殊需要的幼儿，例如：残疾儿童等（区别于保健流程图中提到的特殊体质儿童）。在上报环节中，建议园所根据教师关注程度，确定班级特殊儿童上报数量。

残疾儿童慰问流程图

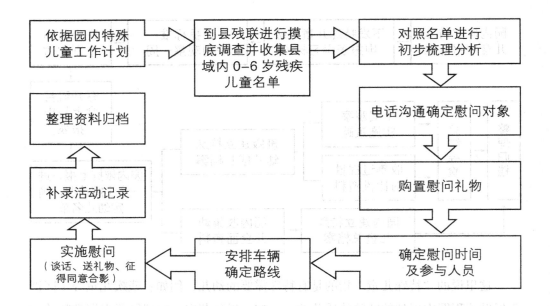

此流程图实施时，需要注意残疾儿童家庭和幼儿信息来源于残联，因此，各项信息均需要做好保密工作。慰问过程中，要尊重幼儿及家长，不建议当场记录，可回园做好补录工作。如需拍照、录像，均要征得家长的同意，方可进行。

学区化管理工作流程图

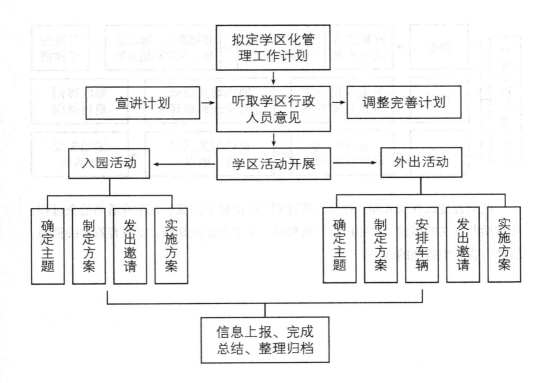

首先应认真学习"学区化管理工作"文件，领会精神要领，制定计划和活动方案。其中"实施方案"环节，是开展工作的主要环节，应进一步分解计划，还应注重多方材料的收集和归档。

户外种植、管理、收获流程图

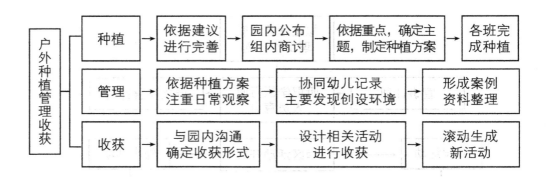

此流程建议在幼儿园"种植工作计划"的指导下完成，应注重活动的全过程，注重幼儿真实的体验。教师还应了解种植、土壤等相关知识，以备有效解决种植、管理与收获中遇到的问题。

实习生入园实习流程图

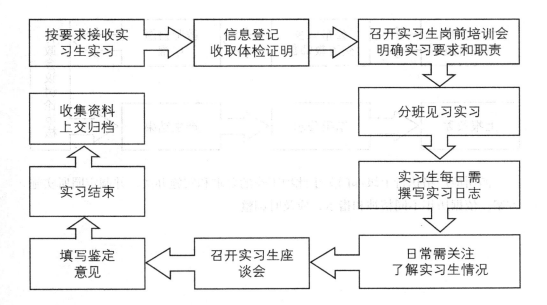

该流程中"实习生日志"非常必要，因此应由园所统一格式和要求。实习生在园实习期间，规范管理、严格要求、确保安全，确保学有收获。

城乡教师交流申报流程图

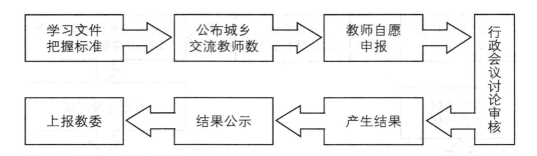

　　园所应严格执行上级部门关于此项工作的要求和实施办法，并制定园所实施方案。依据历年不同精神和指示，应及时调整。

科研工作流程图及实施要点

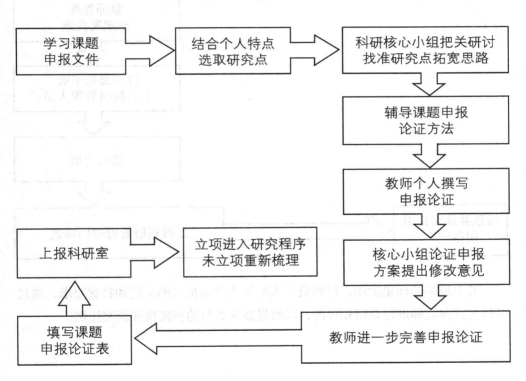

教师申报课题指导流程图

学习课题申报文件 → 结合个人特点选取研究点 → 科研核心小组把关研讨找准研究点拓宽思路

辅导课题申报论证方法

教师个人撰写申报论证

上报科研室 → 立项进入研究程序未立项重新梳理

核心小组论证申报方案提出修改意见

填写课题申报论证表 ← 教师进一步完善申报论证

　　教师申报课题一方面要紧紧围绕幼儿园中心工作、特色工作、文化建设工作，另一方面要与本职岗位相结合。科研核心小组把关研讨，找准研究点，拓宽思路是关键环节。

科研成果征集活动流程图

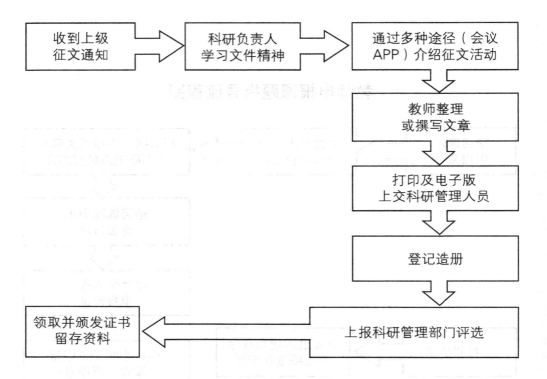

各类成果的征集活动，科研负责人要深入理解征文的主题和特殊要求，通过多种方式向教师进行介绍和宣传，以增强教师参与的积极性和获奖比例。

科研核心小组指导工作流程图

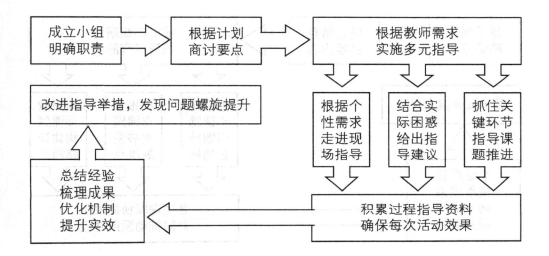

科研核心小组是幼儿园科研工作指导的智囊团，由业务干部、骨干教师和具有一定研究能力的教师组成。发挥集体优势，根据教师的专业基础、个性特点进行全程式、菜单式指导，体现对教师多元需求的满足。

科研课题管理工作流程图

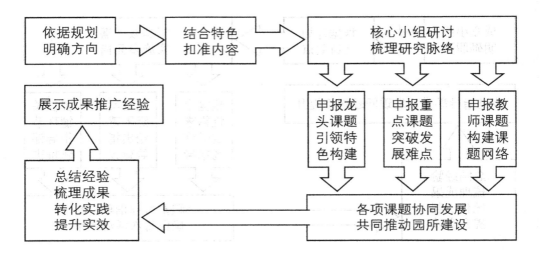

　　构建幼儿园科研课题管理网络，突出园所的龙头课题地位，适当分解课题内容，通过教师认领、指定责任人等方式落实研究计划任务。课题网络切忌过于庞大，一定要在能力范围之内进行梳理和架构。

课题负责人开展课题研究流程图

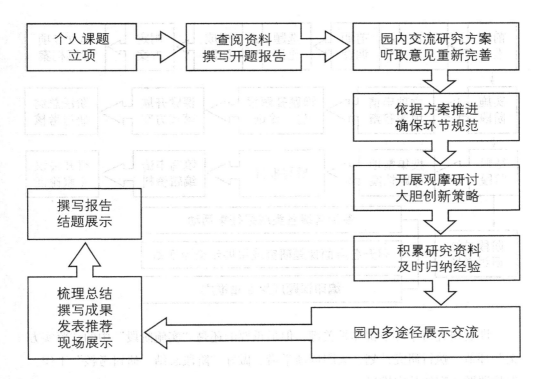

　　坚持课题负责人管理机制，课题负责人对课题具有独立的管理权和责任。幼儿园抓住课题负责人在研究过程中的关键环节进行指导帮助，加强研究举措的验证。开展好研究成果展示交流活动，优秀经验进行适当推广应用。

课题研究工作开展流程图

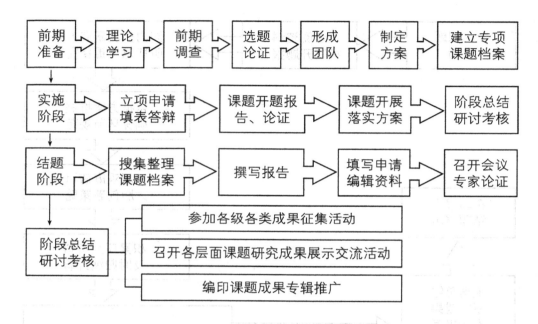

课题研究每个环节都非常关键，但最重要的还是"实施阶段"中的"落实方案"环节。执行研究计划，大胆创新举措。做好"阶段总结、研讨考核"工作，保障课题研究的扎实推进。

青年教师科研习惯养成流程图

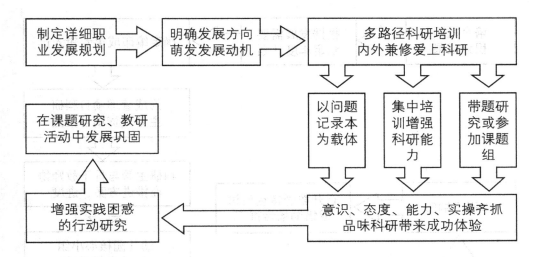

通过培训让教师爱上研究是成功的第一步。关键还要通过"科研日志"的方式，引导青年教师学会学习、学会尝试、学会积累、学会梳理总结。帮助他们品味研究带来的成功（问题解决、获奖、发表等）是习惯养成的重要动力。

市县骨干教师成果专辑编印流程图

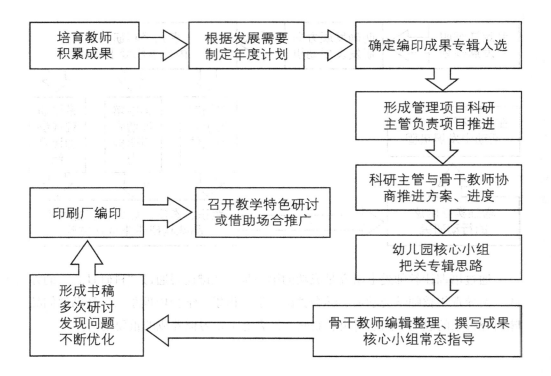

按照幼儿园队伍培养规划，确定专辑编印年度计划。编印骨干教师成果专辑，要突出该教师的教育教学特点和个性。主题确立由科研核心小组会同骨干教师协商确定。增强材料的丰富性和生动性。编写过程时间要相对集中，确保专辑编印质量。

问题记录本使用评价流程图

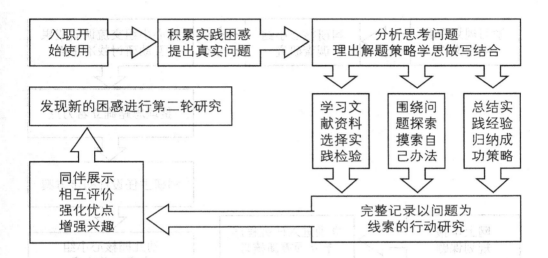

坚持入职的第一天就是教学研究的起点理念。帮助教师学习积累实践困惑，提出真实问题。引导教师从学习、借鉴、模仿、变化、创新中提升专业素养。在管理上坚持分层要求、分层评价的理念，保护每一发展阶段教师的研究兴趣。

园所申报规划课题流程图

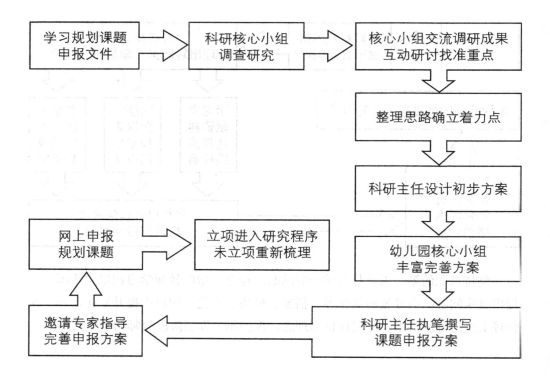

依托科研核心小组的力量，做好互动研讨、找准重点工作。结合园所发展规划需要、特色建设需要、人才培养需要选取园本化的课题，形成研究团队，规范研究过程，确保研究成效。

卫生保健工作流程图及实施要点

卫生保健工作流程图及实施要点

卫生保健工作流程图

新入园幼儿保健程序流程图

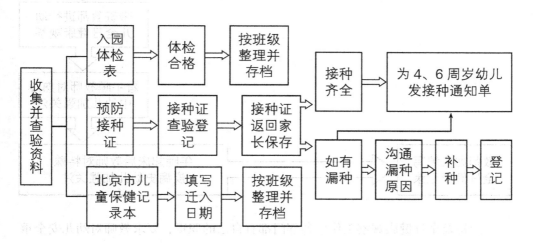

每学期开学初新入园儿童需要向幼儿园保健室上交三份材料，入园体检表显示合格方可入园，保健室最后整理存档。预防接种证如有漏种需要家长配合及时补种。

晨检及全日健康观察工作流程图

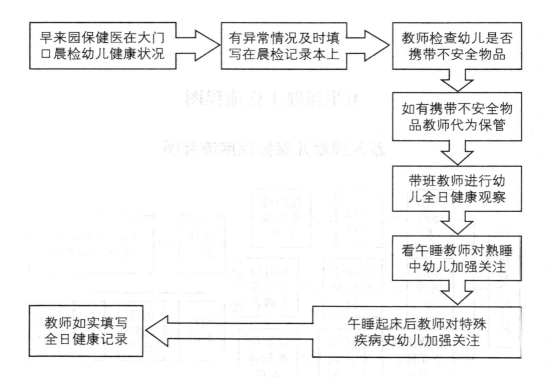

早来园保健医在大门口晨检幼儿健康状况 ➡ 有异常情况及时填写在晨检记录本上 ➡ 教师检查幼儿是否携带不安全物品

如有携带不安全物品教师代为保管

带班教师进行幼儿全日健康观察

看午睡教师对熟睡中幼儿加强关注

午睡起床后教师对特殊疾病史幼儿加强关注

教师如实填写全日健康记录

　　晨检及全日健康观察工作中各部门都有自己的职责，要求教师对幼儿安全重点观察，如实记录，尤其入睡前的安全检查和入睡中的巡视。

幼儿患传染病痊愈后返园流程图

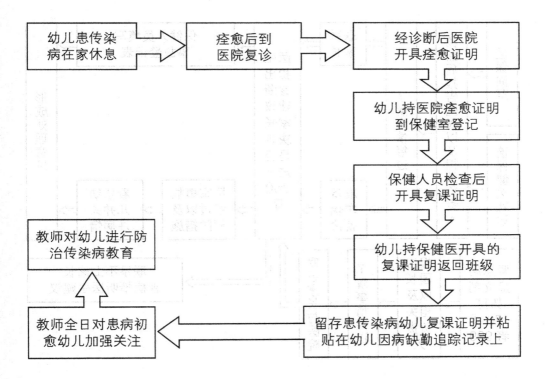

幼儿患传染病痊愈后返园的程序为上级要求，重点是返园幼儿必须开具二级甲等以上医院的痊愈证明以及幼儿园保健室开具的复课证明才可进班。

幼儿发生意外事故应急处置流程图

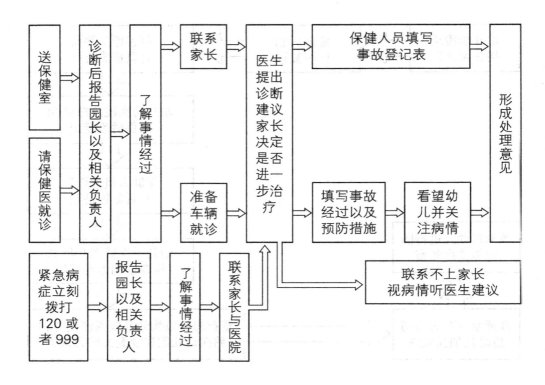

　　幼儿发生意外事故后紧急处理流程要求整个过程家长必须知情，老师各环节处理须细致到位。

保育员餐前卫生消毒工作流程图

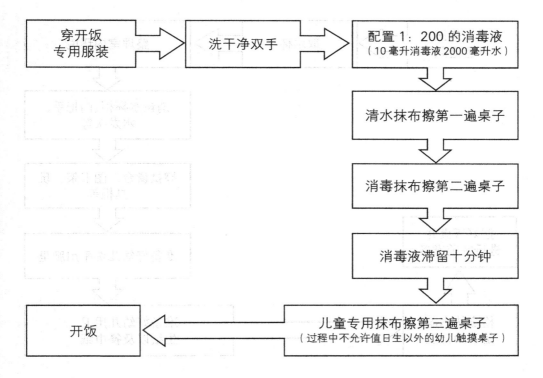

保育员餐前卫生消毒工作的简单流程，重点要求保育员餐桌消毒的规范，应对临时替班人员进行提示。

保育员晨间清洁流程图

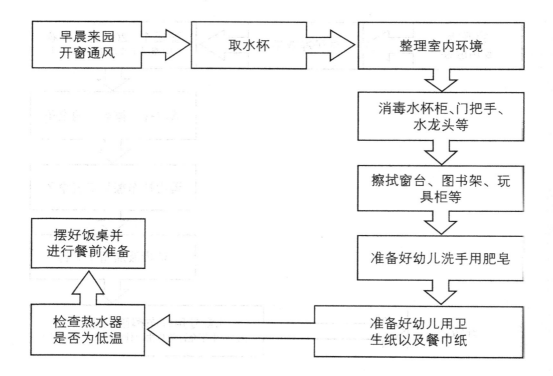

此环节为保育员早晨必做的准备工作，尤其检查热水器冷热开关温度是否设为低温档尤为重要。

保育员离园前工作流程图

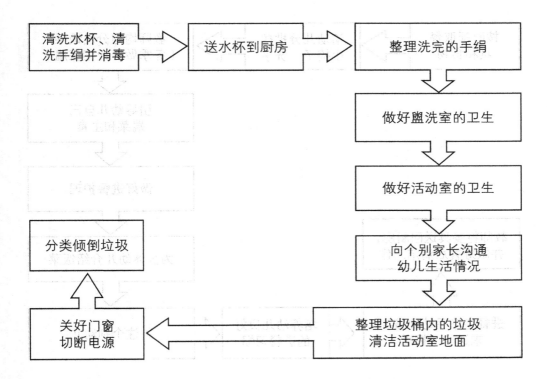

此环节为保育员晚离园前必做的各项工作，要做到垃圾不过夜，关好门窗切断电源。

幼儿进餐流程图

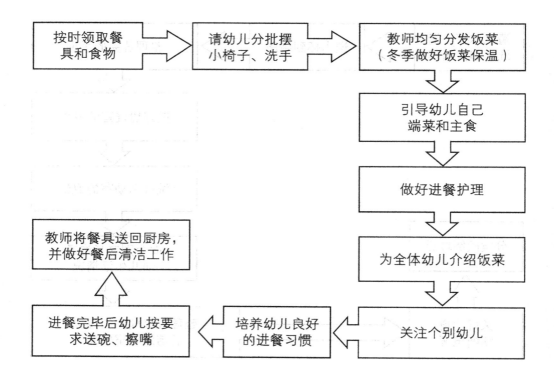

保育员护理幼儿进餐中每一环节均很重要,进餐管理是保育工作的重点之一,尤其关注体弱儿进餐,根据幼儿进餐量少盛勤添,冬季需要进行饭菜保温,夏季进行饭菜降温。

幼儿进食午点流程图

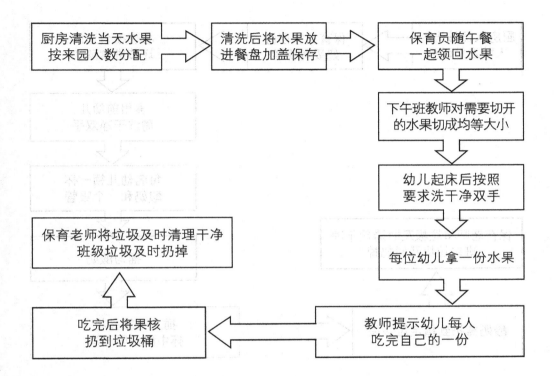

　　保育员领回午点水果后，存放水果要保证卫生。午点前为幼儿平均分配水果，食完午点要及时清理果核等垃圾，最后将果盘冲洗干净送厨房消毒。

幼儿上午加餐酸奶流程图

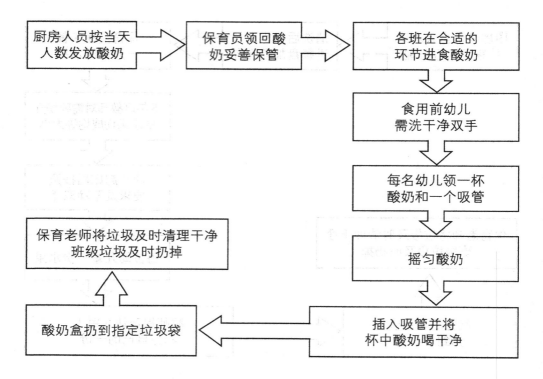

　　各班要在上午选择合适的环节和时间进食酸奶，由于酸奶的保存需要冷藏，因此不能在常温下放置时间过长。另外要引导幼儿将酸奶喝干净，养成不浪费的好习惯。

幼儿大体检流程图

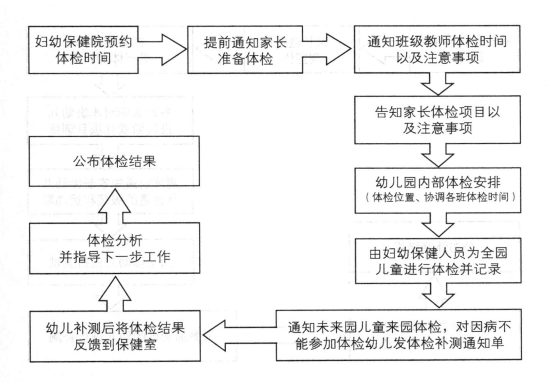

幼儿大体检要求保健室要做好每一环节的工作，重点为前期的准备工作，体检后的补测、分析、反馈家长工作都要到位，并利用分析结果指导下一年保健工作。

幼儿体质测试流程图

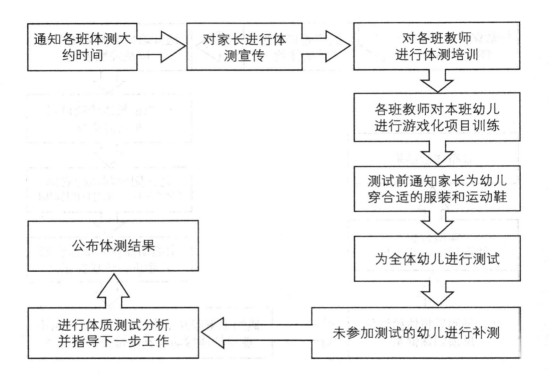

体质测试前保健室要对教师进行培训、指导，教师对幼儿进行游戏化的训练。测试后的分析对指导下一步的工作至关重要。

幼儿大体检发现异常管理流程图

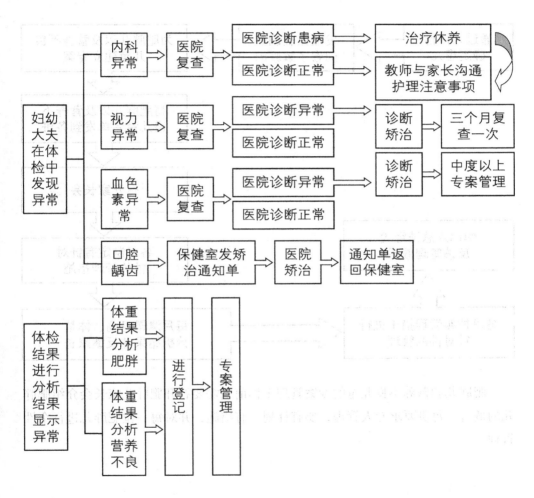

　　每年六月份幼儿在大体检中如出现异常必须引起重视，保健室应第一时间将问题反馈给家长，幼儿园统一进行管理，并追踪患病幼儿治疗情况并做记录。

肥胖儿及营养不良儿童管理流程图

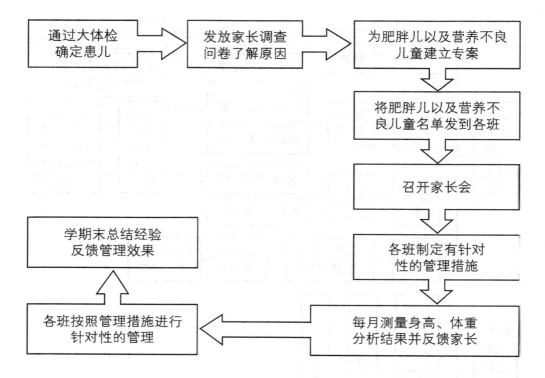

肥胖儿和营养不良儿童的专案管理工作前期需要召开肥胖儿家长会介绍肥胖儿的危害，每班要求专人管理，要有计划、有措施，并对每一位肥胖儿进行个性管理。

特殊体质儿童管理流程图

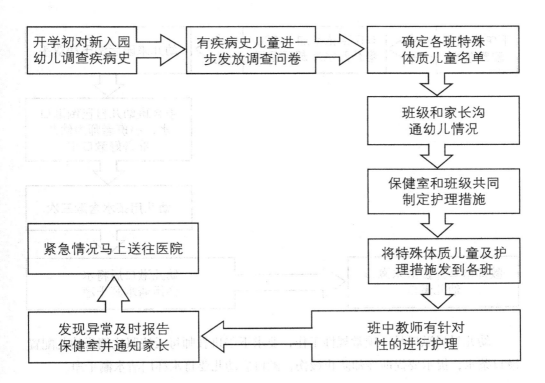

特殊体质儿童是从在园儿童疾病史的调查中而来，确定为特殊体质儿童后要求家园共同制定班级护理措施。保健室统一对教师进行疾病护理培训，使教师有针对性的对有疾病史的儿童进行护理。

幼儿早晨入园茶水漱口流程图

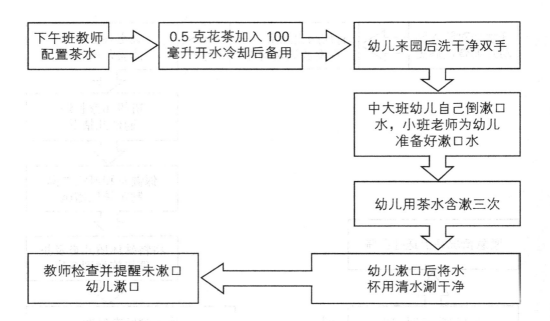

幼儿早晨漱口是一项常规性工作，要求下午班教师每天按照比例为幼儿配置漱口茶水，提示要提前冷却防止烫伤，漱口后幼儿要将水杯用清水涮干净。

幼儿带药服药流程图

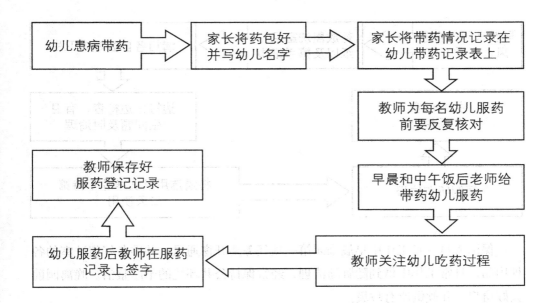

幼儿生病需要在园服药的，要求家长将药物包好或者放在纸袋里写好名字、填好服药登记表，教师要反复核对药物，杜绝错服和漏服，关注幼儿吃药后反应。

保洁一日工作流程图

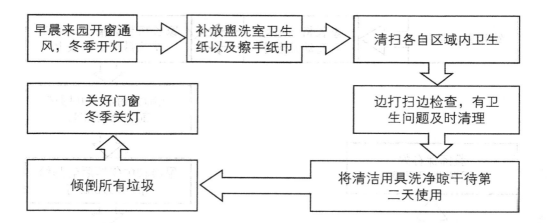

保洁人员一日工作中早晨来园第一项任务要开窗通风，并准备好盥洗室的各种用品；日常工作中做到随脏随清理，经常保持公共环境的干净整洁。晚离园前关好窗户，并倾倒所有垃圾。

来宾入园手消毒流程图

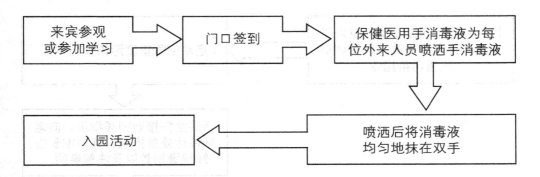

幼儿园开展活动时经常会有其它单位人员来参加，要求来园的每一位客人都需要用手消毒液进行手消毒后才允许进入园内进行各种活动。

空气重污染传达指示流程图

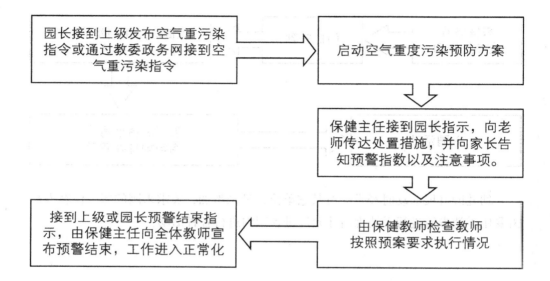

空气重污染重点要做到及时接收并向全体教师传达空气重污染的指令，在此期间全体师生要按指示要求开展各项活动，禁止开窗通风和室外晾晒物品，保健室人员检查教师执行情况。

公共卫生流程图

幼儿发生传染病应急处置流程图 1

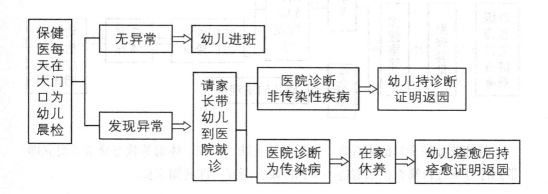

保健医在门口为幼儿晨检，发现幼儿皮肤、口腔、体温等状态异常者需要向家长询问，并建议或要求家长立即带幼儿到医院就诊，请家长积极配合。

幼儿发生传染病应急处置流程图2

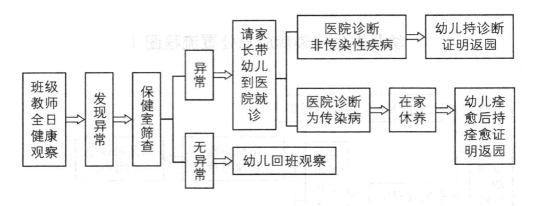

　　教师要加强全日健康观察，发现幼儿皮肤、口腔、体温等状态异常后要立即带到保健室进行筛查，如需进一步到医院诊断要立即通知家长。

幼儿发生传染病应急处置流程图 3

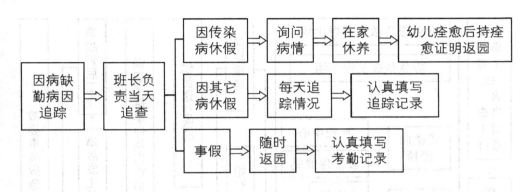

幼儿确因疾病缺勤，要求教师每天追踪幼儿病情并进行记录，有异常情况随时报告保健室。

卫生突发事件报告应急救援流程图 1

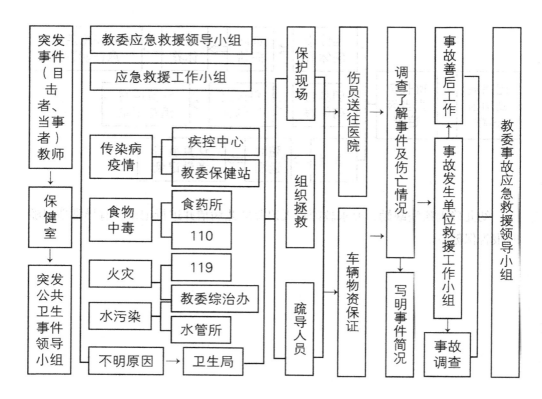

　　此图为发生卫生突发事件的报告和应急救援工作，相关人员应将此流程谨记于心。

卫生突发事件报告应急救援流程图2

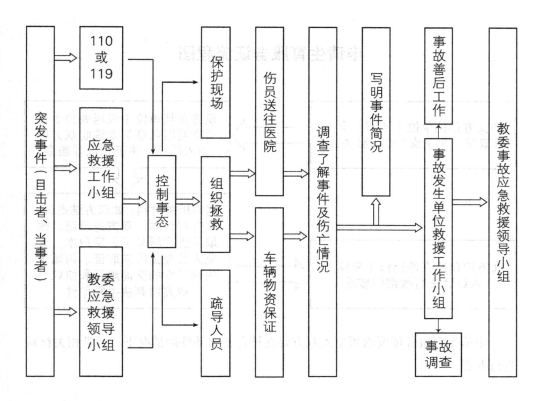

此图为发生卫生突发事件的报告和应急救援工作，相关人员应将此流程谨记于心。

计划生育工作流程图

申请生育服务证流程图

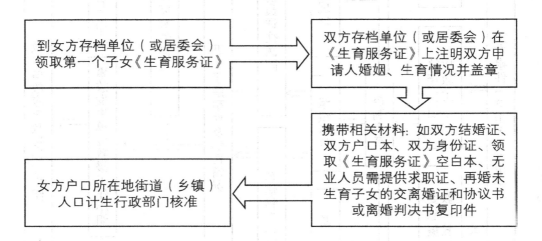

申请生育服务证要求当事人双方要在符合各项条件的情况下，携带相关材料进行办理。

申请生育计划内第二个子女流程图

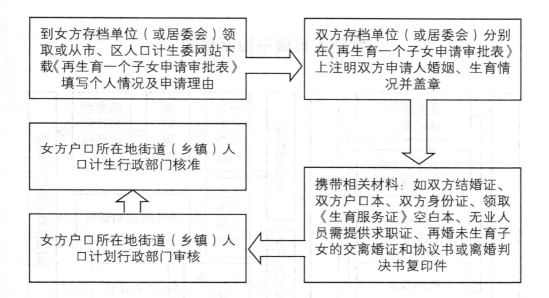

申请生育计划内第二个子女要求当事人双方要在符合各项条件的情况下，由单位计划生育负责人审核材料后并携带相关材料到上级单位再审核合格后当事人进行办理，方可怀孕。

食堂工作流程图

食堂人员晨午检流程图

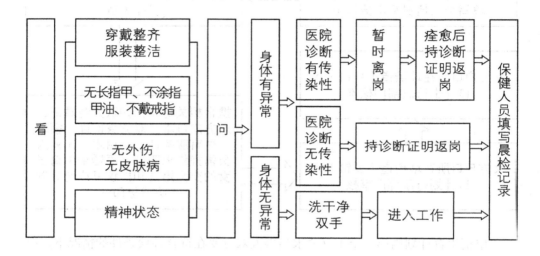

保健人员和食堂管理人员要在每天上岗前对厨房人员进行严格晨检，凡有异常人员必须暂时离岗并到医院进行诊断，痊愈后返岗。

食谱制定流程图

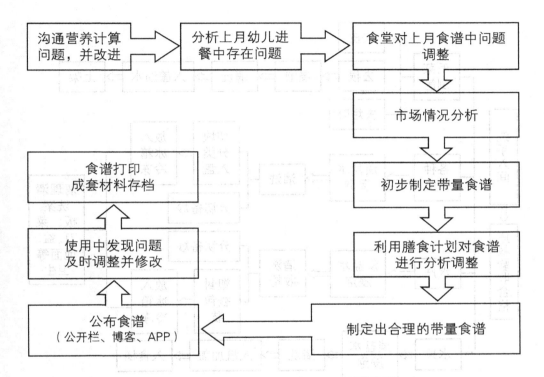

食谱制定过程中要根据季节特点选择食品，并且每月要及时分析幼儿在进餐中存在的问题，并在当月调整食谱。

食堂粗加工流程图

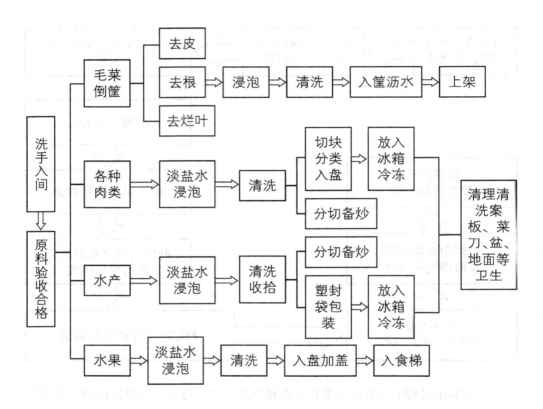

厨房人员必须熟知食品粗加工的流程，每个环节都需要严格按顺序执行。

食堂备餐流程图

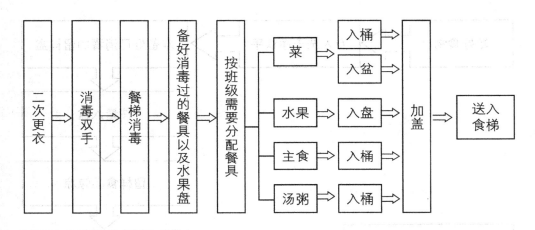

　　备餐间的卫生要求非常严格，厨房人员进入前要进行二次更衣以及洗手消毒环节，为幼儿备餐时要严格按照班级人数分配食物。

食堂留样流程图

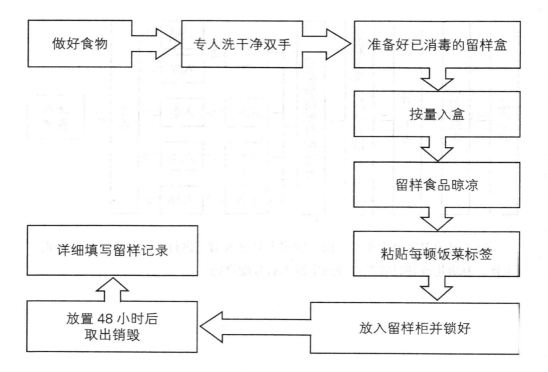

食品的留样非常重要，要求厨房人员每餐做好后都要将食物按留样要求的份量装入留样盒，并在食品晾凉后放入留样柜，过程中要保障留样食物的卫生，并填写留样记录，留样柜需上锁。

食堂洗碗流程图

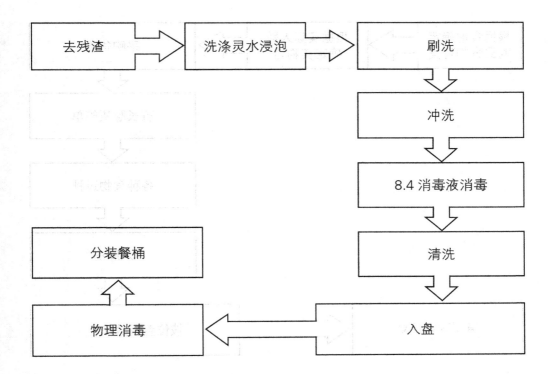

洗碗环节的重点在于操作时每一环节都要做到位,尤其消毒要严格遵守时间,消毒液消毒后要将餐具冲洗干净。

食堂采购货物流程图

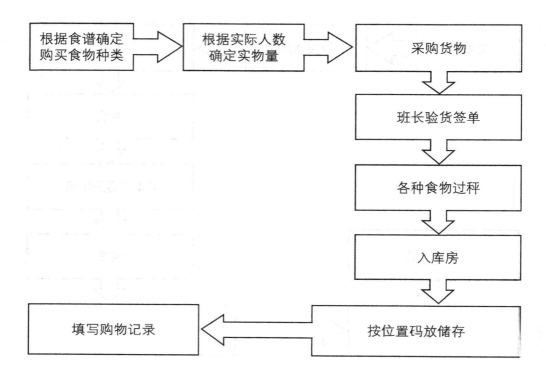

食品采购要根据食谱带量确定食物量,买回的货物需要班长仔细验货后签单。

食堂入库验货流程图

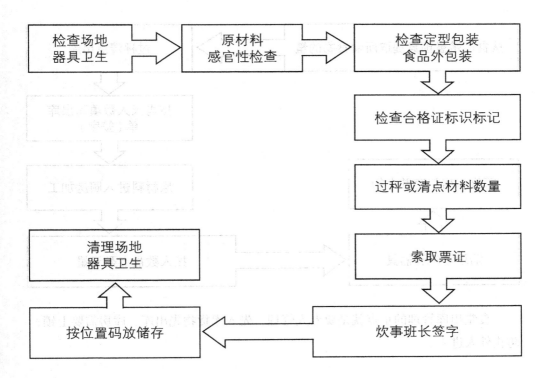

食堂入库的重点是检查货物的卫生、质量、合格证、数量以及索取票证，检查完毕确认无误可入库。

食堂出库管理流程图

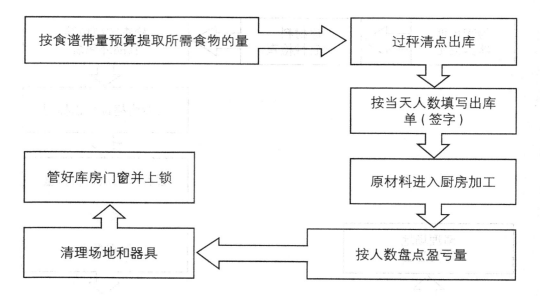

食堂出库管理的重点就是要专人管理，先入库货物先出库，库房需要上锁，防止外人进入。

食堂工作流程图

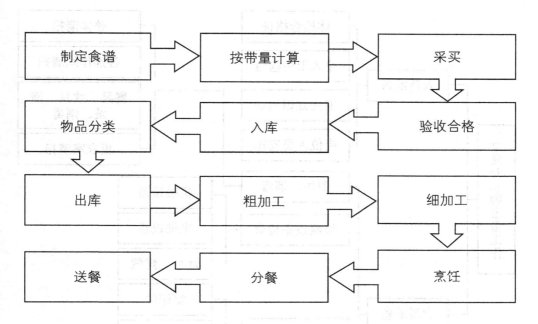

　　食堂工作过程中一定要做好节约管理，按量购置尤为重要，并且把好制作过程的各个环节，减少浪费现象的发生。在加工制作过程中，要做好食品安全工作，发现问题及时处理，不能有任何的疏漏。

开学前食堂准备工作流程图

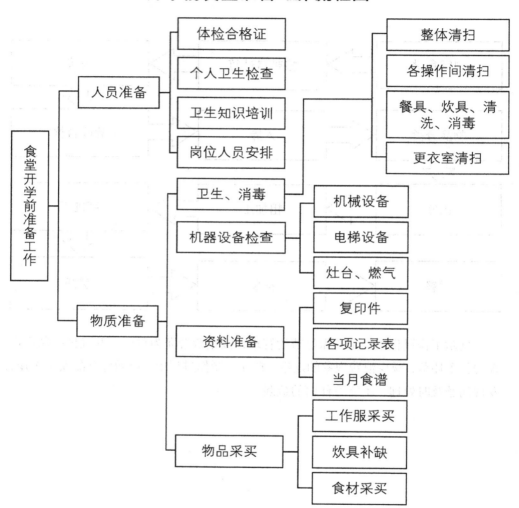

　　食堂工作牵涉到幼儿健康的成长问题，开学前组织维修人员检查、维护食堂内的设备设施，保障正常运行。采购员要到市场里进行食品材料调研，从而保障幼儿的饮食营养、安全。

安全工作流程图及实施要点

晴天全园幼儿离园流程图

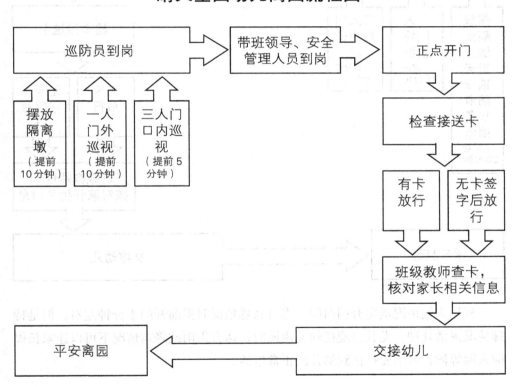

按照正常的开门时间开门接送幼儿,由门卫把好第一道关查验家长的接送卡。班级教师把好第二道关,检查核对家长信息,班级教师确认无误后再交接幼儿,保障幼儿的安全。

雨雪天全园幼儿离园流程图

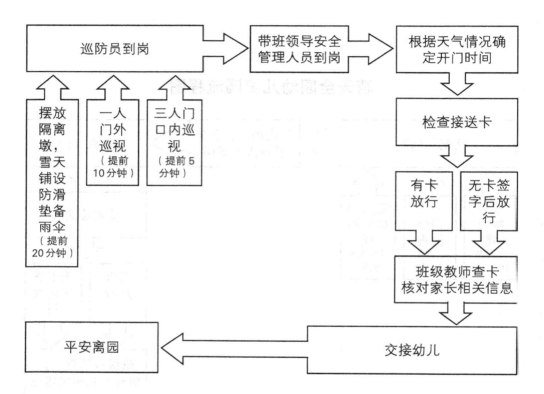

根据天气情况确定开门时间，遇有特殊情况时提前开门十分钟左右。但是特殊情况灵活处理，尤其是晚接幼儿离园时，遇有雷雨或降雪情况下可以让家长提前入园等候，但不要打扰到幼儿的正常生活。

外出活动应急处置流程图

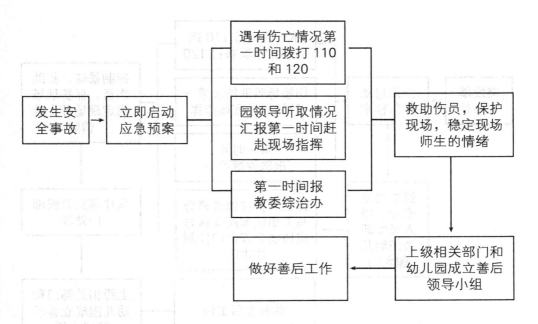

园内组织的小型外出活动，在外出前组织者要制定出详尽的外出活动方案和切实可行的应急预案，一旦发生事故可以立即启动应急预案并依据应急预案处置发生的事故。一定要控制好现场，便于上级相关部门的现场勘查。

突发安全事件应急处置流程图

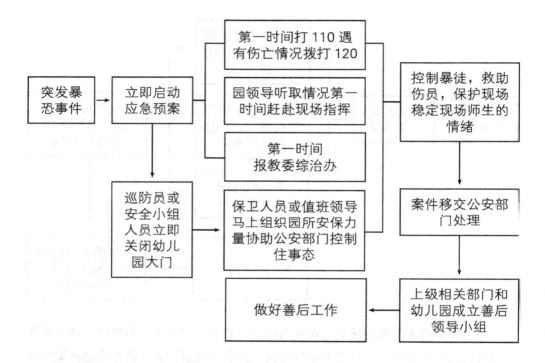

　　园内要制定出详实、分工明确、切实可行的应急预案，一旦发生突发暴恐事件时可以立即启动应急预案并依据应急预案处置发生的事件。一定要控制好现场，便于上级相关部门的现场勘查。

爆炸事故应急处置流程图

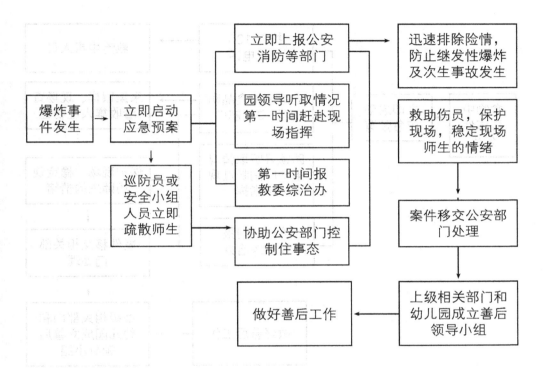

园内要制定出详实、分工明确、切实可行的爆炸事件应急预案，一旦发生爆炸事件时可以立即启动应急预案并依据应急预案处置发生的事件。一定要控制好现场，便于公安部门的现场勘查。

食物中毒事故应急处置流程图

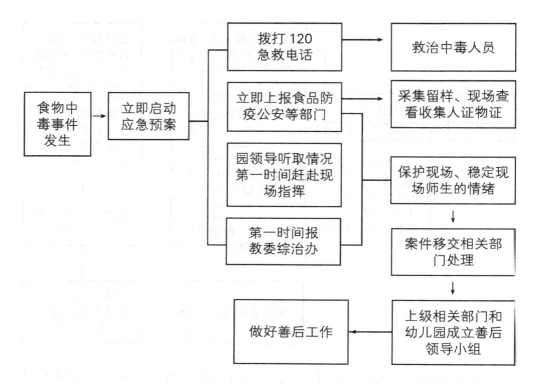

园内要制定出详实、分工明确、切实可行的食物中毒应急预案，一旦发生食物中毒事件时可以立即启动应急预案并依据应急预案处置发生的事件。一定要立即把食堂全面监管，保留好相关的餐饮食品以备相关部门的化验检查。

消防事故应急处置流程图

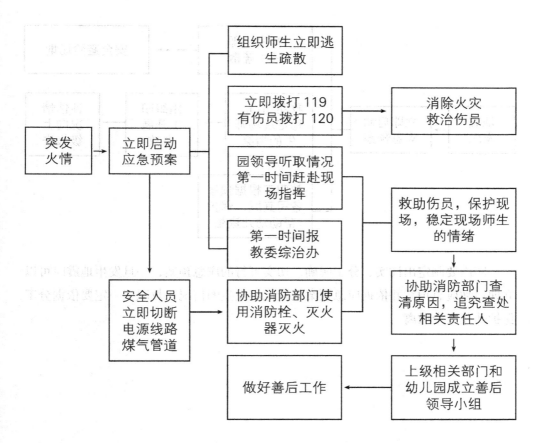

园内要制定出详实、分工明确、切实可行的火灾事件应急预案，一旦发生火灾事件时可以立即启动应急预案并依据应急预案处置发生的事件。灭火后一定要协助相关部门保护好现场。

防震疏散应急处置流程图

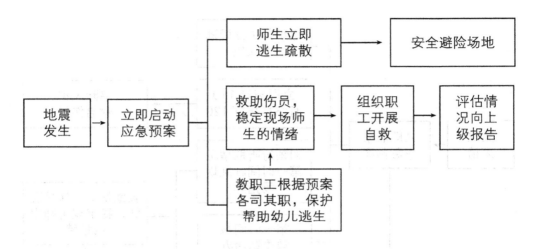

　　园内要制定出详实、分工明确、切实可行的应急预案，一旦发生地震时可以立即启动应急预案并依据应急预案处置地震发生的情况。教职工一定要依据分工保护幼儿安全撤离。

防汛应急处置流程图

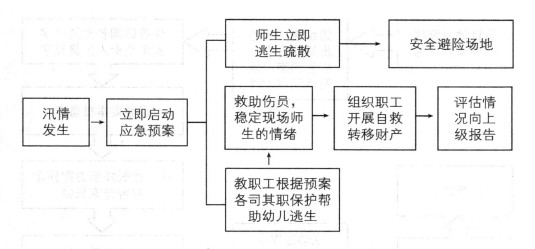

园内要制定出详实、分工明确、切实可行的应急预案，一旦发生汛情时可以立即启动应急预案并依据应急预案处置汛情发生的情况。教职工一定要依据分工保护幼儿的安全。

全园外出活动管理流程图

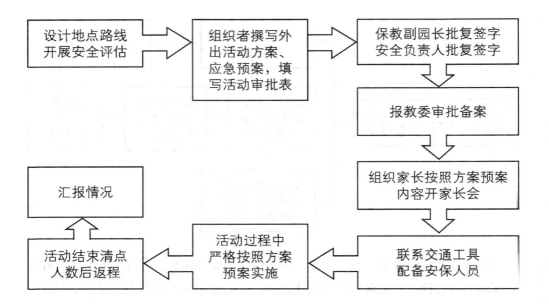

在组织大型外出活动之前，一定要对活动地点进行安全评估并规划好出行路线确保安全。一定要找有资质的交通工具运送外出人员，另外一定要配齐安保力量，防止意外情况发生，确保安全。

巡防员管理流程图

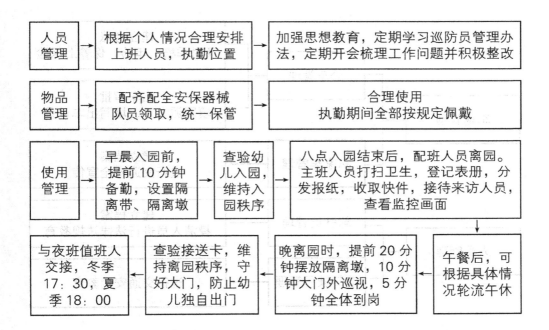

　　合理安排上班人员的搭配和执勤位置，做到按时上岗、防护装备穿戴整齐。各种安保器械由巡防员自己领取，自己管理使用，下班后统一存放在幼儿园内不准带离，保障装备不丢失。

交通安全管理流程图

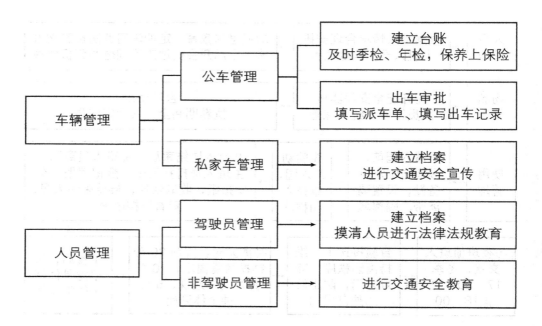

建立档案摸清驾驶人员和私家车底细，便于统一管理。经常性的对全园职工进行交通法律法规教育，特别是要加强对有驾驶证教职工的安全教育，提高法律意识，做到安全无事故。

总务工作流程图及实施要点

后勤开学准备工作流程图

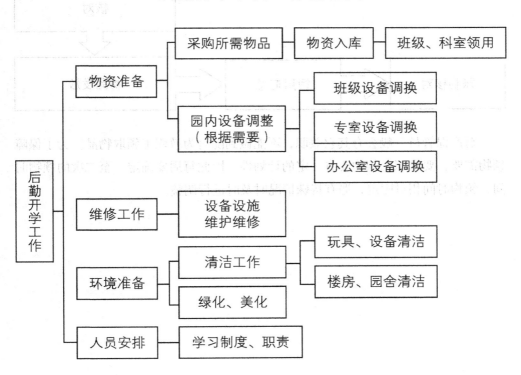

开学前物资准备这一块，要根据教育教学的实际需要，适量采购所需物品，不要过多积压造成浪费。维修工作要注意发现不安全隐患及时排除，保障园舍的安全性。

物品领用流程图

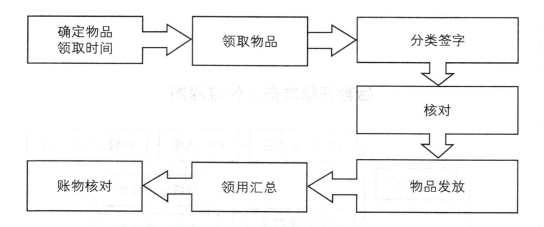

财产保管员一般会有其它兼职，不能做到随时为教职工领取物品。为了保障领物需要，要求职工领物要有一定的计划性。因此每周要确定一至二次的领物时间，领物时间相对固定，遇有特殊情况时及时进行调整。

库房管理流程图

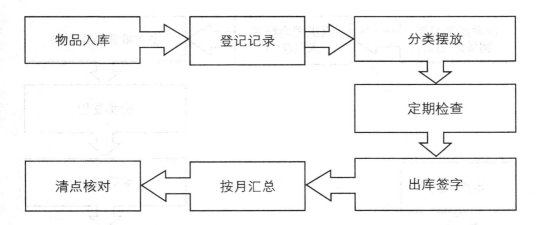

　　财产保管员每周都要对库房中的物资进行检查和整理，发现不利于存储的问题要及时解决。保证库房中的物资不霉变、不积压、摆放整齐、存储合理，做到先入先出，减少因存储不利等原因导致的损耗。

档案管理工作流程图

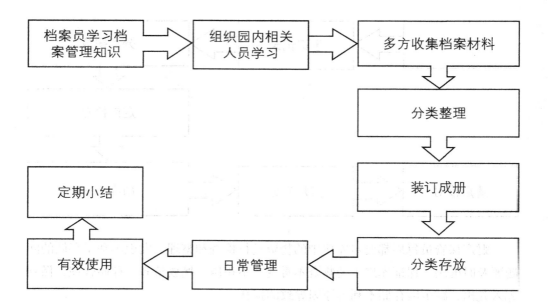

档案工作涉及到幼儿园的方方面面，因此组织园内与档案收集上交工作相关人员学习档案知识尤为重要，从而确保档案材料的规范和齐全。

财产管理流程图

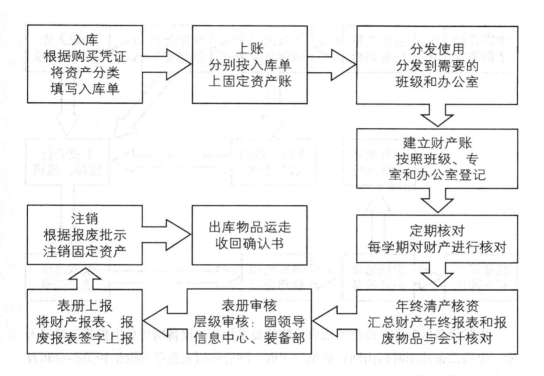

根据谁使用谁负责的原则，幼儿园为各个办公室、班级、专室等建立财产帐，并有专门的责任人负责管理。每学期末财产管理员都要与相关责任人核对一次财产，保障财产的不流失。

电教设备管理流程图

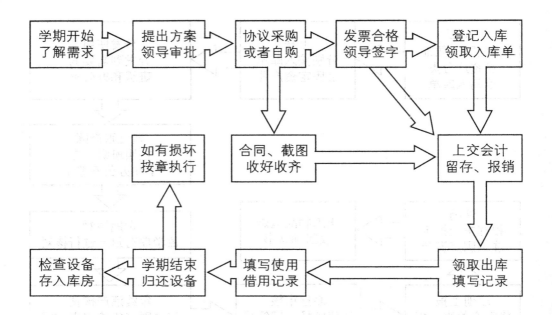

　　电教设备的购置严格依照政府采购的要求执行。设备购置后由保管员登记入库，电教设备使用时再由网管员统一领取。网管员填表造册领取给相关科室和教学人员，做到层层管理。

日常维修工作流程图

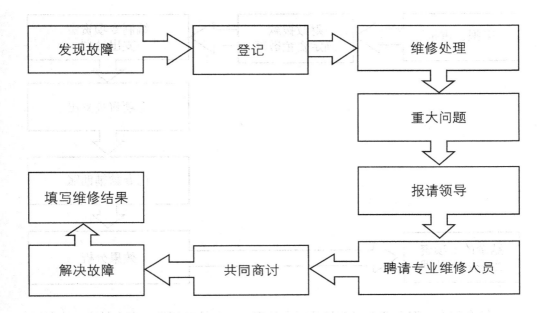

此项工作重在全体教职员工共同发现问题，发现问题后随时登记在维修记录本上。维修人员及时查看维修记录本，随时解决问题。遇有特殊情况需要维修时，立即通知维修人员紧急处理。

专项资金管理流程图

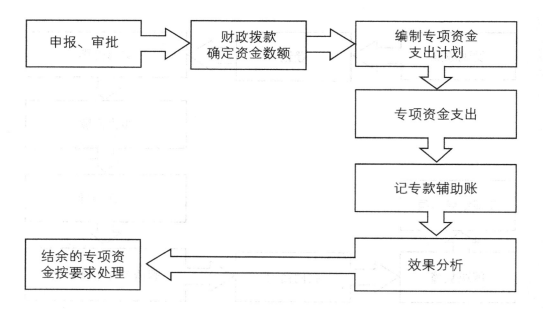

结余的专项资金按上级部门的要求处理。一般情况下没有资金结余，在特殊情况下出现结余时一定要上报上级部门，按上级部门的批复处理好结余资金。

发票报销流程图

会计初审这个环节很重要，财务人员先对取得的票据进行初审，如果发现问题可以及时找相关商家进行调换或修改处理。

绿化美化工作流程图

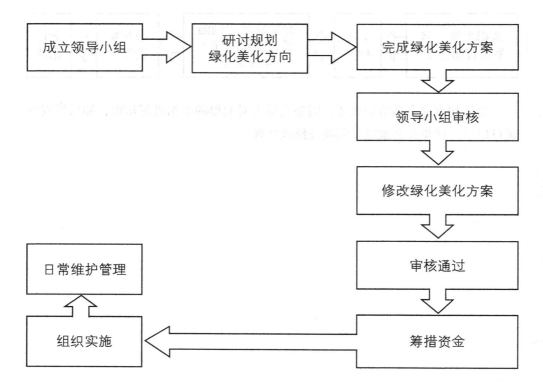

　　结合幼儿园的教育教学需要及地域特点，研讨规划绿化美化方向，把社会发展与本园的教育特色相结合，制定本园的绿化美化方案。绿化美化的日常维护和管理工作要做到及时到位。

扫雪铲冰工作流程图

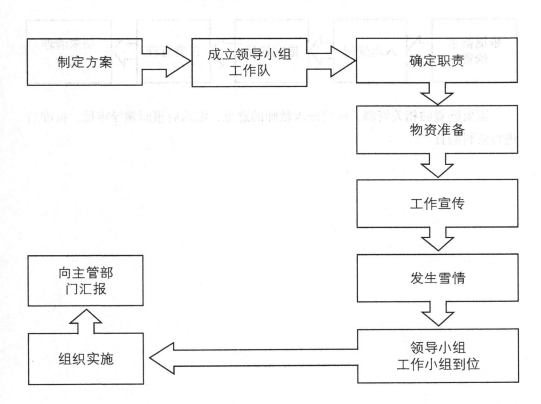

做好职工的动员工作，并且在入冬前一定要准备充足的扫雪铲冰物资。园领导以身作则积极带头，全体职工克服困难积极参与，在遇有大雪情况时，确保按要求完成扫雪铲冰的艰巨任务。

资料管理流程图

需要购置的相关资料，应当征求教师的意见，汇总后报园领导审批，批准后进行资料购置。

新闻宣传工作流程图及实施要点

各类活动信息上报推荐流程图

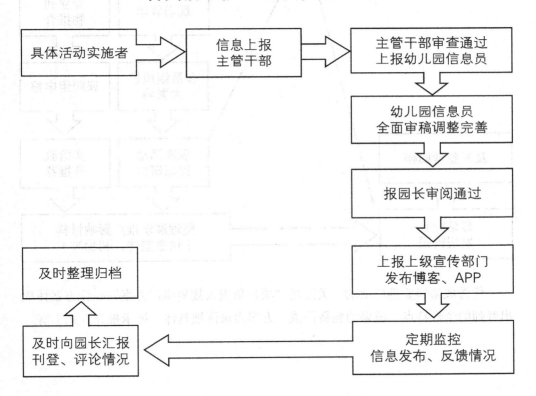

活动信息上报，关键是"主管干部审查信息上报信息员"环节。这是园所新闻宣传信息的群众基础。所以，采用多种方式，培养分布各年龄段、各部门的信息员队伍，确保园内信息的全面完整。

优秀成果经验推广流程图

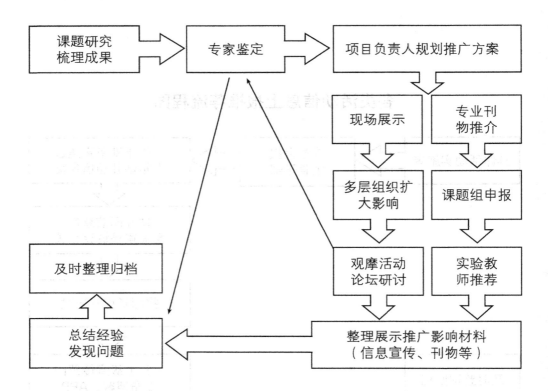

优秀成果经验推广活动，关键是"项目负责人规划推广方案"。让方案体现出教师的个性特点、成果的独特价值。方案力求详细具体，展示推介方式丰富。

优秀人物宣传流程图

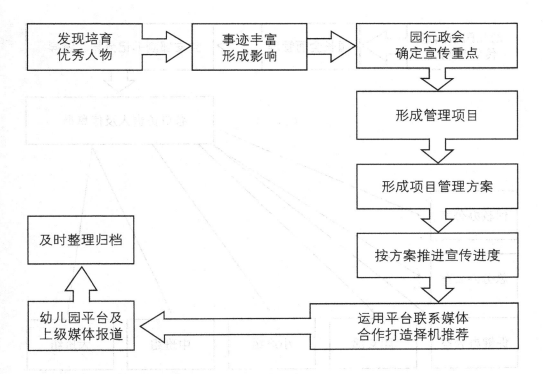

宣传优秀人物一定要明确宣传的关键点是什么，围绕宣传重点"形成管理项目"。围绕优秀人物的"独特性"，依托各类宣传平台，开展全面立体的推广宣传。

幼儿园新闻宣传管理流程图

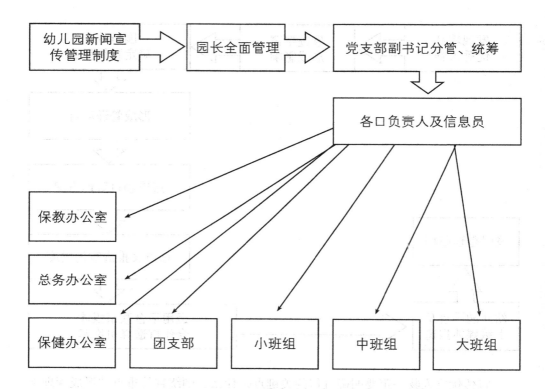

　　新闻宣传是幼儿园管理工作中的重要内容。园长亲自管理并加以关注。有责任人分管和执行，并建立各部门全方位的新闻宣传信息网。各部门信息员及时、准确、客观上报活动信息。

负面信息处理流程图

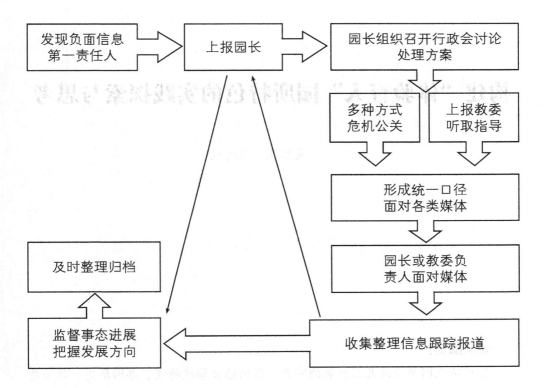

　　负面信息的处理关键就是"早""快"。"早"就是发现早，发现苗头及时采取措施。"快"就是最快速度启动应急预案，在上级指导下多条路径解决问题。另外，依法维权需要咨询法律顾问。

构建"体验育人"园所特色的实践探索与思考

吴丽娟　吴连柱

论文摘要：

打造特色园所是幼儿园发展的需要。我园结合地域特点、办园历史、师资特点等，选择"体验育人"作为特色打造的方向。旨在以"体验"理念统领园所管理、教师队伍建设、教育教学、幼儿发展等工作。本课题主要通过行动研究方法，引导全园职工在工作实践中发现问题、探索尝试解决问题，形成相应策略。课题组重点在改进管理模式、教育教学策略等方面进行探索，并积累出具有园所特点的管理策略、教育教学策略、养成教育策略等。本研究把"体验理念"进行了针对性的地域化、学前化、个性化，为幼儿园探寻特色建设指明了方向。

关键词：体验　体验育人　园所特色

一、问题提出

创办特色是教育发展的需要，也是学校自身发展的需要。幼儿园特色建设是新形势下全面贯彻教育方针、深入实施素质教育、实施园所科学发展的一项重要工作，也是优化幼儿园管理，丰富幼儿园内涵的重要举措。

本项课题作为"十二五"规划课题校本专项课题，其核心目的是指导和改进工作思路与工作举措，并以课题的进展影响和带动我园特色建设的历程。第一，有利于实现"教与学"方式的转变，形成新型的师幼互动关系；第二，有利于幼儿在体验中获得可持续发展的能力，深层次解决幼儿园教育"小学化"的倾向。"要通过学校特色建设更好地实现学校教育的回归、体现学校办学目标，使每一位学生都能够健康成长"；第三，有利于幼儿园形成适宜特色构建的校园文化、制度建设等，引发管理理念、管理方式的变革。

二、相关概念

（一）体验育人

"体验育人"是一种基于主体论的管理思想和教育思想。它体现在给受教育者更多的自主感知、自主学习、自主发展的机会。突出以"体验"为方式，以"育人"为目的，既重视体验过程又重视培育目标、既重视认知体验又重视情感体验的管理思想和教育理念的践行，这种思想体现在管理的整个过程和教育教学的整个过程。

课题研究过程中，本课题组梳理出"体验让发展更快乐"理念，内涵包括："发展"是目标，是归宿，回答为什么的问题；"体验"是路径，是特色，回答怎么办的问题；"快乐"是状态，是抓手，回答怎么样的问题。

（二）园所特色

"体验育人"园所特色是指在主体论指导下的办园实践（包括园所管理、教育教学、安全教育等）形成独特的精神氛围、思想认识体系、制度文化体系、操作行为体系。依托"体验"思想统领校园文化建设、教师队伍建设、园本课程建构等领域，实现教师、幼儿、园所全面和谐成长的办园实践与风貌。

三、研究举措

本项课题的研究，依据研究内容，主要围绕管理、人才培养、课程建设、特色打造以及校园文化建设等方面进行深入的研究尝试，凸显"体验"理念的渗透，把握体验的内涵，实现园所、教师、幼儿的自主发展。

（一）融入体验理念，变革管理举措

管理工作中，我们坚持"以人为本"的柔性管理理念，转变管理角色，把管理过程当做服务的过程、支持的过程、互动的过程。

1.柔性管理营造和谐发展环境

柔性管理引发管理方式的变革，我们更加注重领导干部的榜样作用，实施无声的"身教"。更加注重对职工、对幼儿的肯定和接纳，最大限度地以激励、赏识替代控制和批评。柔性管理营造出了幸福、和谐、宽松、自主的体验氛围，园所干部成为教师专业成长的支持者、合作者。

2.体验理念转变工作运行方式

紧紧围绕幼儿发展、教师发展、园所发展的目标，探索践行"体验让发展更快乐"理念的管理策略、教育策略和发展策略。追求体验过程的快乐、自主、有实效。首先，实施岗位互换体验，构建和谐精神环境；其次，群议管理问题，推进民主管理；再次，自主承办管理项目，提升管理实效。干部教师自主认领管理项目，以扁平化管理提升管理实效。

（二）实施岗位体验 培育优质队伍

全面分析我园干部教师发展状况，把体验理念融入到队伍建设的全过程，优化管理举措，制定规划，建立机制，搭建平台，推进每一位职工快乐自主地走上专业发展之路。

1.系列活动提升师德建设实效。"教育为本，师德为先"。立足多年实践，我园形成以"弘扬高尚师德 做人民满意的教师"为主题，开展"园所制度伴我

成长""争做幼儿喜欢、家长满意的好老师"等成长体验活动；开展"名师引领师德""专家讲解师德""职工畅谈师德""评价关注师德"等教育体验活动。在真实的工作岗位上，在具有我园特点的"一幼师德大讲堂"活动中养成良好师德。

2.分层培养关注教师发展需求。教师专业素质的提升工程，重在找准发展的核心内容。我们在全面分析教师队伍的现状后制定切实可行的队伍发展规划。提出"面向整体，尊重差异，岗位练兵，形成梯队"的建设思路。根据教师的专业成长情况，我园将教师分为研究型、成熟型、发展型（入职适应期、规范提升期）等层次，实施"开放育师"战略，把教师放到全县、北京市乃至全国的大环境中去锻炼和培养，实现每个层次教师按照自己的特点和速度成长。

支持研究型教师创造走出国门拓展，主持全县学前教育领域工作室，支教农村园担任业务干部，召开教学特色研讨会，编印个人成长专辑等机会，帮助他们形成教学特色，在市县范围发挥辐射带动作用。支持成熟型教师提供专业特长展示、顶岗支教历练、研究经验推广等机会，帮助他们聚焦研究重点，以点带面，提升综合素养，形成教学风格。支持规范提升期教师（发展型教师）提供"观察案例合作解析""半日活动同伴观摩"等机会，提高与幼儿适宜有效互动的能力。支持入职适应期教师（发展型教师）提供"基本功提升辅导""岗位应知应会培训"等机会，帮助青年教师树立专业自信，为可持续发展打下基础。

3.良好研究习惯推动教师自主成长

以科研问题记录本为抓手，落实"问题伴随我成长"的管理目标。以科研核心小组为主要力量，形成园所教科研指导团队，把好研究进展的每一关。选取教学实践的真问题，开展体验式互动教研，突出情境的真实性，教研主体的实践性，研究方式的互动性，解决问题的实效性。我们采用同伴互助、案例追踪、现场探寻等方式，让教师们喜欢教研活动并从中受益。我园依据园舍实际和幼儿发展目标，确定"跨班区域游戏的组织策略"为教研主题，我们把握好区域建设环节、区域运行环节、区域指导环节、区域评价环节开展实地研究，教师进入活动区游戏，了解环境、材料、场地、指导等方面的适宜性，发现问题，集体讨论解决。

（三）构建园本课程，促进幼儿快乐发展

课题组把体验思想作为园本课程建设的核心，努力构建"体验式主题课程"。突出幼儿的主体地位，强调幼儿的学习是快乐和自主的，帮助每一名幼儿充满个性地在体验中获得可持续发展能力和习惯。

1. 体验学习理念园本化

我们提出以"让幼儿在体验中快乐成长，让教师在实践中获得智慧，让家长在体验中感受成功"为目标，以周边资源开发为切入点，以"四真""四亲"（"四真"即真情境、真观察、真操作、真表达；"四亲"即亲临境、亲眼看、亲自做、亲口说）为途径，以"三级课程审议机制"及相关制度为保障，支持和引导幼儿在丰富的、快乐的体验活动中提升学习质量。

2. 体验学习资源园本化

幼儿的体验式学习是在真实的环境中进行的。我园不断深化教育资源应用研究，努力做到"用足用巧常规资源，创新拓展园本资源"，建成园本课程资源网络。首先，园内资源深度挖掘。有效挖掘幼儿园中人、事、物的教育价值。创设科学体验园、社会体验馆等体验专室和区角，引领孩子体会社会角色，探索世界奥秘，体验发展快乐。其次，县域资源建成基地。与周边可利用的资源单位挂钩，建立自然观察基地、爱家乡教育基地等，开展"小脚走延庆"主题活动，幼儿、教师、家长携手走进美丽的农村、社区、风景区，孩子们在亲身体验中主动探究，获得丰富的感性体验。再次，市区资源自然融合。根据幼儿社会生活中感兴趣的事件或问题，精心筛选适合幼儿参观体验的场所，在教师、家长的参与支持下，孩子们走进市区场馆拓展丰富体验经验。

3. 体验学习路径园本化

在体验式主题课程实施过程中，我们努力追求一日生活时时能体验、园所环境处处能体验、搭建平台人人能体验的目标，坚持给孩子充分的感知体验空间和时间，让孩子成为体验学习的真正主人。课题组经过研究，将开展实施的主题课程案例归类梳理，指向幼儿发展的五大领域目标。提出：在生活体验中养成习惯；在快乐运动中健康成长；在社会实践中拓展经验；在感知尝试中探索发现；在艺术活动中自主表达。每一类主题课程均支持幼儿自主的体验感知。

（四）营造渗透体验理念的校园文化

结合园舍改扩建工程，建设丰富的、具有园所特色、地域特色的养成教育校园文化。首先，建设楼层环境，围绕孩子的生活空间，突出主题：一楼"温馨家园"、二楼"和谐社区"、三楼"奇趣自然"，使之成为孩子自由体验、自主探究、表达发现的平台。其次，形成园所与班级融合、家庭与幼儿园融合、教师与幼儿融合的文化环境。整合养成教育目标的"宝贝当家体验馆"使用率高，流程规范，目标明确，指导到位，成为孩子以角色扮演的方式学习规则的重要平台。再次，不断营造"文化育人"的园所氛围，让幼儿园里时时处处充满浓浓的文化气息，让孩子在健康和谐的环境文化中，感受美的氛围、接受美的熏陶、引导美的行为、得到美的升华，强化校园文化在素质教育中的隐性教育功能。

四、研究成果

体验式教育理念全面推动了我园综合实力的全面提升。

第一，体验式管理平台逐渐丰富和多样化，支持每一位教职工有适宜的机会和舞台展示自己的才能。

第二，体验式园所文化逐步形成，融入体验理念的环境文化、展现体验理念的校本文化和人际文化成为影响和熏陶幼儿、教师的重要教育资源。

第三，体验式主题课程研究完成阶段性成果梳理，园本课程理论与实践探索丛书（第3辑）卷二十一《体验让发展更快乐》由北京出版集团公司北京少年儿童出版社出版；《体验，让发展更快乐（实践版）》已经印刷成册，课程目标、内容、实践活动策略等形成体系，作为阶段性成果成为课题组教师验证和进一步探讨的基础。

第四，幼儿园在 2013 年示范幼儿园验收中，以高成绩、高评价顺利迈入北京市示范幼儿园行列。

五、讨论思考

（一）体验理念能够引发园所各项工作的全面变革与深化。

（二）体验理念对教与学方式转变的影响尤为明显，幼儿在体验学习中的自主性明显增强。教师专业成长的自主性在丰富的体验中逐渐增强。

总之，本项课题的研究，引导了园所管理、教育教学、总务服务、特色建设等方面的一系列变革与创新。教师、幼儿乃至家长在体验理念的指导下，快乐、自主、幸福地成长。

参考文献

[1] 陈春梅：湖南大学幼儿园办园特色研究 [D]，硕士学位论文 2008 年，

[2] 吴丽娟编著：《体验让发展更快乐》[M]，北京出版集团北京少年儿童出版社，2012 年，

[3] 万双荃：试论幼儿园的特色课程 [A]，科技文汇，2010 年，

[4] 张金华 叶磊：体验式教学研究综述 [A]，黑龙江高教研究，2010 年第 6 期

[5] 蔡丽娟：构建特色幼儿园的认识与实践探索 [A]，儿童发展研究 泉州儿童发展职业学院学报，2011 年第 2 期

附录2

体验常态化　成长自然化

吴丽娟

《3—6岁儿童学习与发展指南》中提出"幼儿的学习是以直接经验为基础，在游戏和日常生活中进行的。要珍视游戏和生活的独特价值，创设丰富的教育环境，合理安排一日生活，最大限度地支持和满足幼儿通过直接感知、实际操作和亲身体验获取经验的需要，严禁'拔苗助长'式的超前教育和强化训练。"

"亲身体验"是符合幼儿年龄特点的学习方式。能否充分利用幼儿园一日生活和丰富的周边资源，给孩子充分的感知、操作、体验的机会，把孩子通过各种感官的亲自感知都作为幼儿体验学习的方式，以此理念引领教师更加尊重幼儿的年龄特点，开展"以生为本"的体验式一日生活。在充分的学习、研讨、思辨、梳理基础上，在教育专家的悉心指导下，我园提出"体验让发展更快乐"理念，以此作为园本化的教育教学理念。伴随着学前教育的蓬勃发展，新教师群体比重的迅猛增加，教师的专业成长成为管理的重要课题。我们在尝试和思考，能否把"体验"理念融入到教师的专业培养之中去。经过几年的探索和尝试，实现了幼儿和教师的"快乐体验 幸福成长"。教育教学及教师队伍培养呈现出"体验常态化 成长自然化"的良好局面。

延庆县第一幼儿园建园历史近六十年，始终坚持"孩子做主、孩子做事、孩子为本"的教育思想。我们一方面坚持一日生活是孩子体验学习的最重要阵地的原则，把孩子的一日生活交给孩子去自主体验。另外，坚持打开幼儿园大门，打破教师思想上的束缚，带孩子走进真实的世界去体验去感知，周边丰富的教育资源成为孩子的"领地"。

幼儿：我的体验我做主

我园把体验思想作为园本课程建设的核心，努力构建"体验式课程"。突出幼儿的主体地位，强调幼儿的学习是快乐和自主的，帮助每一名幼儿充满个性地在体验中获得可持续发展能力和习惯。

关键词之"真实""亲自"

我园体验主题课程最大的特点，就是突出"四真""四亲"（"四真"即真情境、真观察、真操作、真表达；"四亲"即亲临境、亲眼看、亲自做、亲口说）理念的落实，"保真保亲"就成为教师、家长共同的职责，我们共同支持和引导幼儿在丰富的、真实的、快乐的体验活动中提升学习质量。只要符合安全、卫生的原则，孩子永远都能用自己的感官来与世界互动。"污水处理厂"这是很多大人都没有亲自走进的地方，在"救救小鱼"主题活动中，孩子们来到污水处理厂，亲眼看到污水变干净的过程，明白生活中节约用水的重要性。

关键词之"生活""游戏"

体验理念指导下的园本课程，努力追求一日生活时时能体验、园所环境处处能体验、搭建平台人人能体验的目标，坚持给孩子充分的感知体验空间和时间，让孩子成为体验学习的真正主人。我园坚持在生活体验中养成习惯；在快乐运动中健康成长；在社会实践中拓展经验；在感知尝试中探索发现；在艺术活动中自主表达。幼儿园的"宝贝探秘"科学体验园、"宝贝当家"社会体验馆都成为孩子们探索自然、社会奥秘的游戏空间，就在常态的游戏中，孩子们变身为"科学家"或者"小医生"等角色，自主探索自然界的密码，了解人际交往与社会规则。

关键词之"常态""价值"

幼儿的体验式学习是在真实的环境中进行的。我园不断深化教育资源应用研究，努力做到"用足用巧常规资源，创新拓展园本资源"，建成园本课程资源网络。第一，常态化开发园内教育资源。幼儿园中人、事、物都成为体验课程的资源，幼儿的一日生活得以巧妙设计，教育价值得以挖掘。第二，整合开发县域教育资源。开展园级、班级、亲子自助等多类型的"小脚走延庆"主题活动，幼儿、教师、家长携手走进美丽的农村、社区、风景区，孩子们在亲身体验中主动探究，获得丰富的感性体验。第三，按需开发市区教育资源。根据幼儿社会生活中感兴趣的事件或问题，精心筛选适合幼儿参观体验的场所，在教师、家长的参与支持下，孩子们走进市区场馆"鸟巢""北京海洋馆""比如世界"等，拓展丰富体验经验。

关键词之"舞台""习惯"

养成良好的习惯是幼儿可持续发展的重要基础。我园努力通过活动的方式，引导孩子在体验中理解好习惯、尝试好习惯、巩固好习惯、养成好习惯。

第一，一个契机多项体验，自然融入培育目标

幼儿阶段的养成教育需要依托丰富的活动来实现。我园就努力做到发现教育契机，完整设计丰富的体验感知活动，让五大领域教育目标有机融入各项活动之中。"世界读书日"到了，我们相继开展"园长赠书""分享阅读""家长表演经典故事""我为小班弟弟妹妹讲故事""家庭图书义卖"等体验活动，孩子在活动中体验分享、关爱、环保等理念，帮助孩子在以后的生活中迁移情感，巩固

良好习惯。"世界葡萄大会"在家乡延庆召开，孩子、老师、家长成为了世界葡萄博览园的小主人，孩子们通过舞蹈、儿歌、美术作品等宣传家乡的葡萄，为世界葡萄大会增添不少色彩。

第二，一日生活多个舞台，支持孩子个性展现

园所注重为幼儿一日生活搭建不同发展平台，让孩子的一日生活丰富起来、活跃起来，给每一个孩子体验的机会和舞台，促进幼儿大胆表达、自尊自信。

"小旗手"活动中，孩子们成为"国旗下课堂"的主角。小旗手、国旗下讲话人人有机会，孩子在活动中充分感知国歌、国旗的庄严，萌发爱祖国、爱家乡的情感。

"小喇叭"活动中，采用每天一班、公平均衡、班级推荐、园内播报的方式，在离园前10分钟由幼儿在全园进行说新闻、展才艺，每学年有近200名幼儿参与播报。

"小导游"活动中，孩子们成为环境的真正主人，他们参与设计、布置、介绍，结合自己参与的实践活动经验，大胆在客人面前自然表达。

"小拍客"活动中，孩子们在幼儿园各项活动中，他们手拿Ipad、数码相机，戴着"小拍客"证件，拍摄记录幼儿园各类体验活动，他们也成为幼儿园的一景。

"小菜园"活动中，孩子们成为种植活动的主人，亲自选择种植品种、购置农作物秧苗，他们就像"小农民"一样精心照顾每一棵农作物。秋天到了，孩子们热火朝天地和家长一起收获马铃薯、大玉米。

教师：我的成长我做主

教师队伍的成长，关键是激发出教师队伍自主成长的内驱力。我园认真分析教师队伍专业结构，把体验理念融入到队伍建设的全过程，优化管理举措，制定规划，建立机制，搭建平台，推进每一位职工快乐自主地走上专业发展之路。

关键词之"岗位互换"

在我们幼儿园，每一位教职工都会有很多的岗位体验的机会。比如主任换岗

做园长，干部换岗做教师，教师转变做孩子，使管理更接"地气儿"。当中层干部体验一个月的园长工作后知道了园长角色的责任与压力；当教师换位为孩子的时候，更加读懂孩子的真实需求，明白自己教育教学中存在的问题；当总务人员换岗为一线教师的时候，体会到教学工作的繁重与责任，更加理解绩效工资向教学一线倾斜的真正意义。就是在岗位的互换体验中，教职工更加了解自己，更加了解同伴，增强团队凝聚力。

关键词之"群议管理问题"

教职工在幼儿园内部，各个是"人大代表"，有什么好的意见、建议随时可以通过教代会、园长信箱甚至是园长转班的契机反映出来，有效弥补了管理中的漏洞。另外，教职工可以自主承办项目，人人当"项目经理"。干部教师自主认领管理项目，"园所物质环境创设""幼儿园运动会组织""庆六一文艺演出组织"等成为管理项目，支持教职工主动认领，创造性发挥才能。项目负责人可以直接与园长对接，达到扁平化管理提升管理实效的目的。

关键词之"流程管理"

幼儿园虽小，管理工作样样健全。我园把各项管理工作全部采用流程图式建立规范模式，突出环节规范，保障管理工作取得实效。当前，共梳理完成各项管理工作流程图 187 项，其中具有我园体验管理、体验课程等特色的流程图占到85 项。如"班级体验主题课程自评流程图""年龄组体验主题课程研讨流程图""全园假日亲子自助游流程图"等成为规范、引领教师夯实课程建设与实施的基础。

第一，做合格的我自己

按照"面向整体，尊重差异，岗位练兵，形成梯队"的建设思路。根据教师的专业成长情况，我园将教师划分为研究型、成熟型、发展型（入职适应期、规范提升期）等层级，实施"定位管理"。支持研究型教师体验辐射引领的专业成功感；支持成熟型教师体验专项研究带来的专业自信感；多项市县研究课题的规范推进承载她们的成长。支持发展型教师体验实践工作的胜任感，在鼓励、赏识的环境中快乐成长。

第二，我给自己打打分

我园选择教师分层自主评价作为促进教师专业素养全面提升的重要路径，凸显对教师主体地位的尊重。教师参与评价指标拟定，参与评价过程量化，教师自评结果权重呈现逐年递增的状态，教师在自我评价中探寻发展的方向和步伐，体现出教师在工作绩效、专业发展方面评价的自主地位。

第三，这样的教研我喜欢

选取教学实践的真问题，开展体验式互动教研，突出情境的真实性，教研主体的实践性，研究方式的互动性，解决问题的实效性。采用同伴互助、案例追踪、现场探寻等方式，让教师们喜欢教研活动并从中受益。开展"我是快乐小朋友"区域教研，引发教师在模拟幼儿的游戏中发现玩具材料的适宜性；开展"社会馆游戏我先玩"区域教研，引发教师在现场游戏过程中调整游戏规则；开展"我是科学馆小能手"区域教研，引发教师在与同伴合作游戏的过程中以幼儿的视角发现科学体验园游戏的难点，更好的寻找了教育的重点。这种换位体验、参与式的组织形式，帮助教师了解了实践活动过程中孩子的需要，能更深入地了解孩子的体验学习方式，寻找适宜的支持策略。

探索成效

体验理念全面激活了我园管理、教育教学、文化建设及特色建设的改革进程，推动我园办园质量的全面提升。第一，管理格局进一步开放、民主，教职工有适宜的机会和舞台参与到管理工作中。第二，教与学方式转变尤为明显。幼儿的视角得到关注，幼儿的探索速度和特点得到尊重，幼儿对游戏的需求得到满足，孩子在玩儿中和谐幸福成长。第三，教师队伍迅速成长，优秀教师培育成果显著。市级骨干教师、县级名师解春荣成为延庆学前教育的领军人物。她的成果专辑《我和孩子是蜗牛》成功入选2015年《北京教育丛书》序列，成为北京市一线幼儿教师专辑进入这个序列的第一人。